종교건축기행 34

- 상징 건물을 통해 본
한국 종교의 정치·사회·문화사

상징 건물을 통해 본
한국 종교의
정치 · 사회 · 문화사

종교건축기행 34

김성호 지음

W미디어

■ 종교건축물 위치도

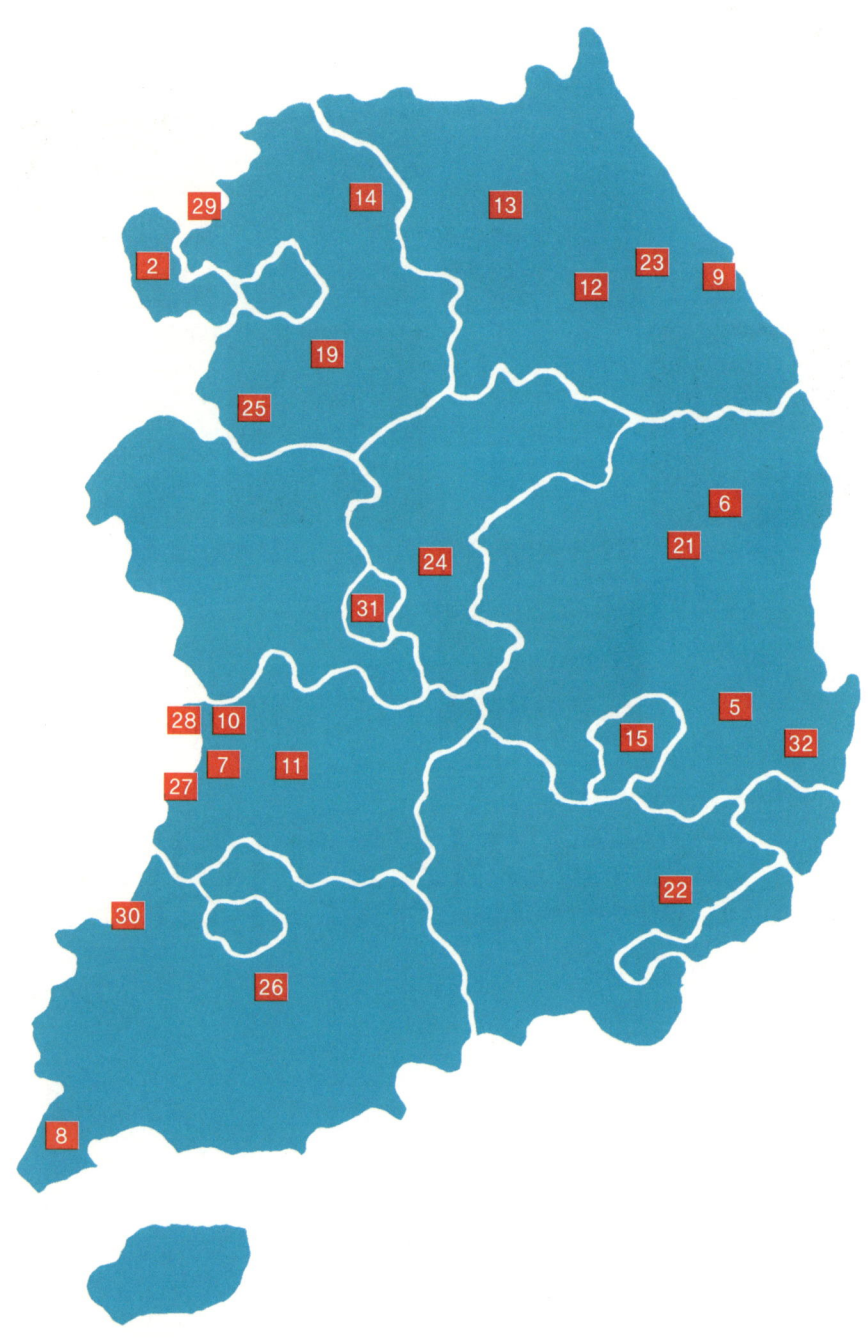

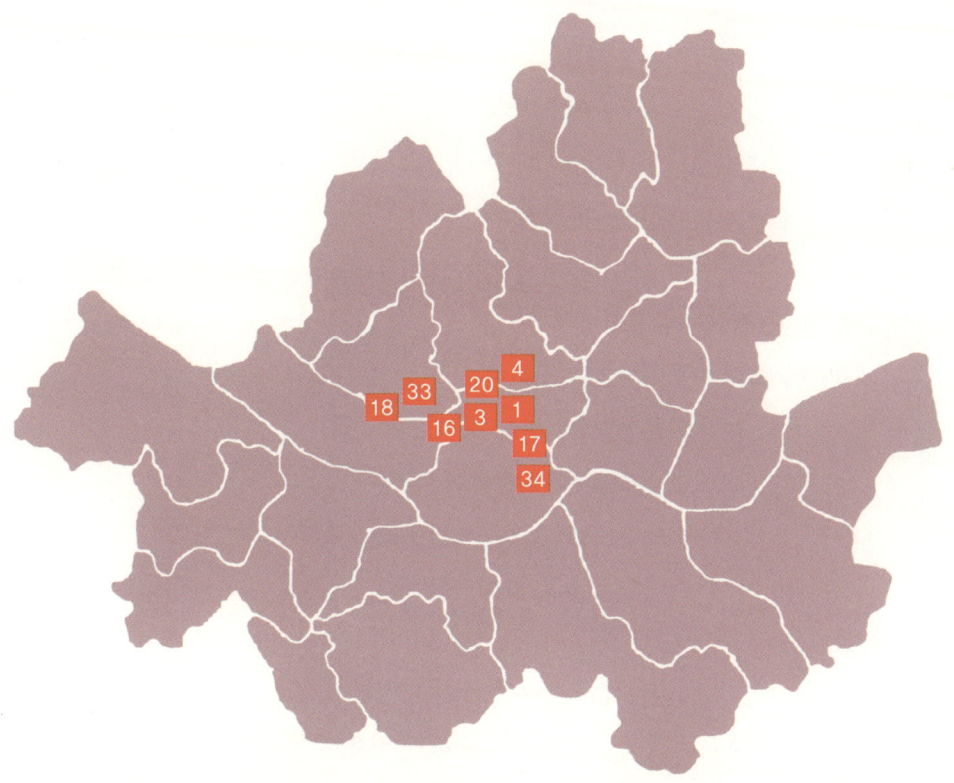

01 성공회 서울대성당/12
02 강화읍성당/21
03 정동제일교회 벧엘 예배당/29
04 인사동 승동교회/37
05 영천 자천교회/46
06 봉화 척곡교회/56
07 김제 금산교회/63
08 목포 양동교회/72
09 강릉 초당성당/80
10 익산 나바위성당/89
11 전동성당/97
12 횡성 풍수원성당/106
13 춘천 죽림동성당/114
14 구 천주교 포천성당/123
15 대구 계산성당/131
16 약현성당/140
17 명동성당/148

18 절두산 천주교 순교 성지/156
19 천진암/166
20 조계사 대웅전/176
21 영주 부석사/185
22 통도사/195
23 오대산 상원사/203
24 법주사 팔상전/212
25 화성 용주사/220
26 화순 운주사/230
27 부안 능가산 내소사/238
28 군산 동국사/247
29 개성 영통사/256
30 영광 영산성지/264
31 대전 태을궁/272
32 경주 용담정/280
33 성 니콜라스 서울대성당/288
34 이슬람 중앙사원/296

머 | 리 | 말

40여 년 전, 그러니까 초등학교도 들어가기 전 코흘리는 꼬맹이가 어머니 손을 잡고 집 근처 작은 암자에 갔을 때의 일이다. 영문도 모른 채 어머니를 따라 법당엘 들었는데 난생 처음 대면한 석가모니 부처님이 뚫어지게 쳐다보는 것이었다.

부처님 눈이 하도 무서워 왼쪽 구석으로 슬금슬금 도망(?)을 쳤는데 시선이 그대로 따라오는 것이 아닌가. 다시 오른쪽 구석으로 몸을 옮겼지만 거기서도 부처님 시선을 피할 수는 없었다. 너무 당황한 나머지 법당을 빠져나와 집으로 줄행랑을 치고 말았다. 집에 와서도 부처님은 왜 나만 그렇게 쫓아오면서 뚫어지게 바라보았는지 도무지 알 수 없었다. 어머니에게 이유를 물었지만 답을 얻지 못한 채 그 이후로도 오랫동안 당혹감을 떨치지 못했던 것으로 기억한다.

어릴 적 살았던 마을은 의정부 시내(당시 양주군)에서도 한참을 벗어난 곳이었다. 초가집들이 대부분이었던, 가난한 시골이었다. 화재가 아주 빈번했는데 화마에 휩쓸린 초가집들은 시커멓게 그을려 폐허가 되곤 했다. 불이 날 때마다 마을 언덕에 매달린 커다란 종이 화재를 알리느라 자지러지곤 했는데 그 때의 위급함을 알리는 종소리가 지금도 귓전에 생생하다.

같은 종인데도 마을 사람들에게 예배시간을 알리는 교회(벧엘 교회였던가?)의 종소리는 사뭇 다른 것이었다. 고요한 시골에 울려 퍼지는 종소리는 어린 마음에도 신비롭기만 했다. 그 종소리가 하도 좋아 한밤중에 몰래 종을 쳤다가 목사님에게 혼쭐났던 적이 있다.

신문기자로 종교 담당을 맡아 절집이며 교회들을 찾아 취재할 때마다 어릴 때의 그 기억들을 떠올리며 남모르게 웃음을 짓곤 했다. 그러던 중 종교 건축물들에는 제각각의 사연들이 있을 것이란 생각이 문득 들었다. 신자들의 개인적인 체험이든 성스러운 종교적 궤적이든….

건축물을 통해 종교적 사연과 비밀을 더듬는 것도 나름대로 의미가 있지 않을까 하는 욕심이 생겼다. 특히 수많은 종교가 마찰 없이 평화롭게 공존하는, 지구상 유례없는 '종교 천국'을 가능케 하는 바탕이 과연 무엇인지에 대한 궁금증도 컸다.

이런저런 호기심을 갖고 서울신문에 연재를 시작했고 건축 속에 담긴 은밀한 이야기들을 하나둘 풀어가는 재미가 꽤나 큰 것이었다.

물론 건축엔 문외한인 터라 건축물 자체의 구조적 접근과 해부는 꽤나 어려웠다. 당연히 건축을 통해 보는 종교 이야기로 흐를 수밖에 없는 한계가 있었던 것이다. 그럼에도 불구하고 종교 건축물에 담긴 콘텐츠는 건축의 공학적·양식적 문외의 한계를 극복할 만큼 상당한 것이었다.

천주교 신자들을 집단 처형해 '피의 순교터'로 불리던 서소문밖 네거리를 내려다보는 약현성당과, 역시 같은 처형장인 전주 풍남문의 석재를 성당 지하 주춧돌로 쓴 전동성당, 휘광이의 칼을 받은 신자들의 시신이 강물에 던져진 절두산 성지…. 1만 여명의 순교자를 낳은 한국 천주교의 박해와 희생을 묵묵히 전하는 증거들이다.

구한 말 열강들의 외교 각축장인 서울 정동에서 선교 전쟁 또한 만

만치 않았음을 또렷이 보여주는 이 지역의 성공회 서울대성당과 정동교회, 토착문화를 흡수하며 현지인들의 정서를 아우른 성공회 강화읍성당, '남녀 칠세 부동석'의 유교적 가치를 애써 끌어안아 남녀 신자석을 구분했던 'ㄱ자' 김제 금산교회와 'ㅡ자' 영천 자천교회…. 호남지역 일본인 부호들의 지원을 받아 일제 강점의 본거지로 세워졌던 유일한 일본식 사찰 군산 동국사, 천도교 교조 최제우의 어려운 구도 현장 경주 용담정, 증산도의 강증산 사상을 오롯이 갖춰놓은 대전 태을궁…. 종교와 종교인들의 혼과 사상, 희생과 아픔을 전하고 보여주는 결정적인 증거란 점에서 어느 것 하나 소홀히 넘길 수 없는 절실한 신앙공간이자 귀중한 문화유산들인 것이다.

이렇듯 소중한 콘텐츠들임에도 불구하고 대부분 허술한 기록 관리와 소홀한 보존 노력 탓에 제 가치를 인정받지 못한 채 기울어가고 있다는 사실이 안타까웠다. 제대로 된 자리매김을 위해 늦었지만 많은 이들의 관심과 노력이 있어야 할 것이란 절실함을 취재 내내 떨칠 수 없었다.

신문 연재를 하던 중 몇몇 출판사와 지인들이 출간을 제의하고 권해왔지만 번번이 손사래를 쳤다. 건축 분야에의 무식에 더해 자칫 피상적인 이야기가 종교 본연의 가치를 흐리지 않을까 하는 걱정에서였다. 그럼에도 불구하고 있는 그대로의 가치와 미덕을 조금이나마 공유할 수 있겠다는 자위 끝에 책을 내기로 했다.

건축적 지식의 허약함에 대한 질타를 기대하면서 어려운 여건에서도 현장 취재에 끝까지 동행한 서울신문 동료 사진기자들과 박영발 W미디어 사장에 감사의 말씀을 전한다.

김성호

차 | 레

1. 개신교

로마네스크 걸작 성공회 서울대성당_12

한국 최고의 목조성당 강화읍성당_21

최초의 서양식 예배당 정동제일교회 벧엘예배당_29

절골의 백정교회 인사동 승동교회_37

국내 유일의 ㅡ자형 교회 영천 자천교회_46

국내 유일의 정사각형 교회 봉화 척곡교회_56

국내 유일 ㄱ자형 예배당 김제 금산교회_63

호남 첫 자립교회 목포 양동교회_72

2. 천주교

현대건축으로 부활한 강릉 초당성당_80

딱 하나 뿐인 천주교 한옥성당 익산 나바위성당_89

한국 천주교 순교 1번지 전동성당_97

한국 최초의 천주교 신앙촌 횡성 풍수원성당_106

신도들이 자력으로 일군 신앙 못자리 춘천 죽림동성당_114

폐허의 신앙 유적지 구 천주교 포천성당_123

105년 전 세운 고딕식 대구 계산성당_131

국내 최초 서양식 약현성당_140

한국 천주교의 얼굴 명동성당_148

절두산 천주교 순교 성지_156

한국 천주교 발상지 천진암_166

3. 불교

한국 불교 1번지 조계사 대웅전_176

화엄의 세계 압축판 영주 부석사_185

불상 없는 적멸궁(寂滅宮) 통도사_195

석가 진신사리 모신 오대산 상원사_203

법이 머무는 곳 법주사 팔상전_212

효(孝) 본찰 화성 용주사_220

천불 천탑의 야외 법당 화순 운주사_230

흐트러지지 않는 ㅁ자 가람 부안 능가산 내소사_238

국내 유일의 일본식 사찰 군산 동국사_247

500년 만에 복원된 개성 영통사_256

4. 민족종교·한국 정교회·이슬람교

원불교 발상지 영광 영산성지_264

증산도 성소 대전 태을궁_272

천도교 발상지 경주 용담정_280

한국 정교회의 요람 성 니콜라스 서울대성당_288

한국 이슬람의 핵 이슬람 중앙사원_296

개신교

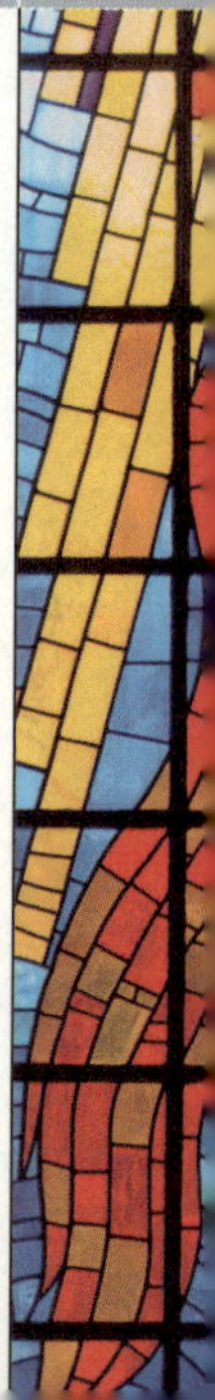

로마네스크 걸작 성공회 서울대성당

한국 최고의 목조성당 강화읍성당

최초의 서양식 예배당 정동제일교회 벧엘예배당

절골의 백정교회 인사동 승동교회

국내 유일의 -자형 교회 영천 자천교회

국내 유일의 정사각형 교회 봉화 척곡교회

국내 유일 ㄱ자형 예배당 김제 금산교회

호남 첫 자립교회 목포 양동교회

01 로마네스크 걸작
성공회 서울대성당

▲프레스센터에서 내려다본 성공회 서울대성당. 덕수궁 조경에 어울리게 십자가형 로마네스크 양식을 택한 이 성당은 원 설계와는 달리 '1자형' 미완의 건물로 지어졌다가 원설계도의 발견으로 70년만인 1996년에야 제 모습을 찾았다.

'신을 영접하는 난공불락의 성채' '거대한 블록으로 짜맞춘 십자가'. 대한성공회 주교좌성당인 서울대성당(서울 중구 정동 3번지, 서울시 유형문화재 제35호)은 보는 각도에 따라 다양하게 비쳐지는 특이한 건물이다. '한국 유일의 로마네스크 건물' 이자 88서울올림픽 때 100명의 건축가가 '한국의 가장 아름다운 건물' 로 지정했던 십자가 형상의 건물. 비슷한 시기의 모든 교회 건물이 천편일률적으로 고딕 양식을 따랐던 것과는 달리 로마네스크 양식을 택해 교회 건축의 새 물꼬를 튼 성당이다.

▲대성당의 제대 외벽. 6·25전쟁 중 퇴각하던 공산군이 난사한 총탄 자국이 선명하다.

덕수궁을 낀 서울의 정동은 개항기 열강의 공관들이 앞 다투어 자리 잡아 '한국 서구화의 1번지' 로 불렸던 곳. 1883년 미국 공사관을 시작으로 1884년 영국 공사관, 1885년 러시아 공사관이 차례로 들어서 치열한 외교전을 폈으며, 이후 1920년 때까지 근대식 학교며 교회들이 우후죽순처럼 들어섰다. 영국 국교인 성공회가 덕수궁 북측, 영국 대사관 동측에 터를 잡은 것도 이 같은 흐름에 편승해서다.

대한성공회의 전신인 조선종고성교회(朝鮮宗古聖教會)의 초대 주교였던 코프(C. John Corfe 1843-1921) 주교가 제물포 항에 첫발을 디딘 것은 1890년 9월 29일. 코프 주교는 영국 대사관에 인접한 지금의 정동

대성당 자리와 낙동(명동 대연각호텔 근처) 등 두 곳에 성당 터를 마련했다. 일본인은 낙동, 영국인과 한국인은 정동에서 따로따로 예배를 드리고 있을 때였다. 이 가운데 정동의 것은 1890년 12월 21일 기존 한옥에 십자가를 달아 장림성당으로 이름 붙여졌는데, 이듬해 11월 1일부터 정기적인 미사를 드리기 시작해 공식적인 교회로 출발했다. 대한성공회는 이 날을 교회 창립일로 삼는다. 당시만 하더라도 성공회 교회에서 한국인은 아주 홀대받는 처지에 있었던 것 같다. 영어로 진행되는 미사는 외국인들의 차지였고, 한국인들은 바깥에서 구경만 해야 했다. 한국인은 한참 후에야 성당 안으로 들어갈 수 있었다고 한다.

어쨌든 장림성당은 1892년에 한옥성당으로 신축되어 1926년 현재의 대성당이 세워질 때까지 대한성공회의 중심 성당이었다. '따로따로 예배'를 청산하기 위한 새 성당이 축성된 것은 1911년에 부임한 제3대 트롤로프(M. N. Trollope 1862-1930) 주교 때. 트롤로프는 '십자가의 승리를 증거할' 웅대한 고딕 대성당을 바랐지만 설계자인 아서 딕슨(A. Dixon 1856-1929)의 주장을 따라 로마네스크 건물을 택한 것으로 전해진다.

아서 딕슨은 옥스퍼드 출신의 건축 전문가로 "고딕보다는 덕수궁 터의 스카이라인에 잘 어울리고 서양 초대교회의 순수하고 단순함을 담지한 로마네스크 양식이 적합하다"고 주장했던 것으로 기록되어 있다. 건축 경비는 전액 영국에서 모금해 들여왔는데, 설계자 딕슨은 건축비는 물론 십자가를 비롯한 모든 성물을 영국으로부터 봉헌받아 일일이 검열해 성당에 안치했다고 한다.

1922년 3월에 착공하여 건물이 축성된 것은 1926년 5월 2일. 비로

▲지하 소성당 바닥에 놓여 있는 대성당 건립자 트롤로프 주교의 묘비 황동판. 성당을 손으로 받쳐 든 트롤로프 주교의 초상화와 비문이 새겨져 있고, 그 아래 영구가 안치되어 있다.

소 한 지붕 안에 세 가족(한국인, 영국인, 일본인)이 모이게 된 것이다. 그런데 영국으로부터의 재원조달이 어렵게 되고 일제의 물자동원령에 따라 자재조달이 막혀 원 설계와는 달리 십자가의 좌우 날개 부분과 회중석 4개의 공간을 갖추지 못한 채 1자형의 완전치 못한 건물로 마감해야 했다. 성당 헌당식 당일 런던 웨스트민스터 대성당과 영국 각지의 성당에서 일제히 기념예배가 올려졌지만 정작 한국에선 순종의 국장 중이어서 간소하게 치러졌다. 이후 1993년 원 설계도를 발견, 1996년 증축 완성 때까지 이 성당은 70년간 '미완의 건물'로 남아 있었다.

'로마풍' 이라는 뜻의 로마네스크 양식은 8세기 말~13세기 초 유럽에서 발달한 건축양식. 십자가를 눕혀놓은 듯한 장축형 평면이 기본골격으로, '뾰족탑'을 연상시키는 고딕식과는 사뭇 다르다. 딕슨의 뜻대로 이 성당은 웅장한 서양 건축과 한국의 전통건축 기법이 맞닿아 있다. 화강암 축조를 비롯해 처마 끝부분 처리, 대성당의 창, 지붕의 한식 기와, 그리고 덕수궁의 팔작지붕과 어울리는 사각종탑 등 한국의 전통건축 요소가 곳곳에서 눈에 띈다. 원만한 경사지에 동쪽 제단과 서측 출입구 정면을 둔 십자형의 1층 대성당은 7개의 큰 공간을 가진 외진과 교차부, 내진, 그리고 배랑으로 구성되어 있다. 좌우 익랑에는 각각 부 제단이 놓여 있는데 북측이 성모 마리아 제단, 남측이 성십자가 제단. 영국인과 일본인을 구별해 예배를 볼 수 있도록 배려한 흔적이다. 성당 바닥은 원래 목조 마루였으나 증축 공사 때 화강암을 깔았다. 외벽은 강화도산 화강암과 적벽돌의 조적구조. 탑은 중앙탑과 인접한 2개의 작은 종탑, 그리고 각 날개 모서리의 소탑 8개가 세워져 있다. 성당으로 들어서면 확연히 눈에 띄는 것이 성단 끝의 모자이크 제단. 윗부분 반(半)돔에 예수 그리스도가 화려한 색유리 모자이크로 장식되어 있다. 왼손으로 '나는 세상의 빛이다'라고 적힌 책을 펴 보이고 있고, 오른손은 위로 향한 채 세 손가락을 편 모습이다. 아래 중앙에는 아기예수를 안고 있는 성모 마리아, 왼쪽에는 순교자 스테판과 이사야, 오른쪽에는 요한과 성 니콜라 주교가 각각 독립된 모자이크로 새겨져 있다. 화강암 대제단과 그 중앙의 십자가는 잉글랜드, 스코틀랜드 주교 14명이 초대교구장 코프 주교를 기념해 기증했다고 한다. 성당 왼쪽에 설치된 파이프 1,450개의 파이프오르간도 볼거리. 1층 대성당 북쪽 종탑의 계단실과 지하 홀을 통해 지하 소성당으로 들어가면 한가운데에 대성당을 건립한 트롤로프 주교의 묘비 황동판이 눈에 들어온다. 황동판 아래에 트롤로프 주교의 영구가 안치되어 있다. 트롤로프는 1930년 영국에서 회의에 참석하고 돌아오다가 일본 고베(神戶) 항에서 선박사고를 당해 사망한 비운의 인물. 당시 서울 사대문 안에서의 매장이 금지됐던 사실에 비추어 보면 당시

▲대성당 성단 끝의 제단 모자이크. 미국인 조지 잭이 제작한 수공예 작품으로 화려한 상단부 그리스도상과 하단부의 성모자·성인상이 인상적이다.

▲성당 왼쪽에 설치된 파이프오르간. 1450개의 파이프로 구성된 옛 성물로 흔치 않은 볼거리 중 하나다.

영국 총영사와 성공회의 위세가 어떠했는지를 짐작할 수 있다.

성공회의 역사는 수난의 연속이었다. 서울대성당 건립이 중단되는 불운을 겪은 데 이어 일제 강점기 주교가 영국으로 추방되고, 해방 때까지 일본인에게 교회가 맡겨졌던 것은 아픔으로 남아있다. 한국 전쟁 중에는 제4대 주교였던 구세실 주교가 공산군에 납치되었고, 선교사와 주임사제, 수녀가 끌려가서 목숨을 잃었다. 퇴각하던 공산군이 성당에 따발총을 난사해 지금도 성당의 동쪽 제대 외벽에는 총탄자국들이 선명하다. 1970년대 군사정권 아래에선 사제들이 잇따라 연행, 감시를 당했고 예배까지 방해를 받았다. 1987년 6월 10일 이른바 '6월 민주항쟁'의 시발점으로 불리는 '군부독재 타도와 민주쟁취를 위한 범국민대회'가 열려 민주화운동의 횃불을 올린 곳이기도 하다. 전국 신자 5만 명, 사제수 200명에 불과한 '작은 교회' 성공회. 서울 한복판에서 현대사의 굴곡을 헤쳐 온 '성공회의 얼굴' 서울대성당은 시민문화공간으로 거듭나려 한다. 2년 전부터 매주 수요일 '주먹밥 콘서트'를 주선해온 데 이어 성당 앞쪽 국세청 별관과 성당 사무실을 헐어 시민문화공간으로 조성하는 프로젝트를 추진 중이다. 서울대성당 정길섭 신부는 "한국 성공회는 신앙과 일반생활을 구분하지 않는 나눔운동과 사회선교에 치중해 왔으며 그 본당인 서울대성당은 닫힌 종교 영역에 머물지 않고 지역인들과 공존하는 대표적인 공간"이라고 말한다.

■ 70년 만에 완공된 로마풍 건물

1926년 부분 건립 이후 '미완의 건물'로 남아 있던 성공회 대성당을 원 설계대로 완성하는 것은 성공회의 숙원이었다. 원래의 '서울주교좌성당' 완공을 위한 건축운동이 본격화한 것은 1993년 4월 대한성공회 관구가 설립되고 초대 관구장으로 김성수 주교가 취임하면서부터. 그런데 자료 부족과 함께 문화재 변경을 문제 삼은 서울시 문화재위원회의 반대가 문제였다. 남아 있는 자료라곤 대성당 축소모형을 찍은 사진 4장이 전부였고, 특히 서울시 문화재위원회가 문화재로 지정된 건물인 만큼 성당 건물에 손을 댈 수 없다는 결정을 내린 것이었다. 그럴 즈음 기적 같은 일이 일어났다. 미사에 참석한 한 영국인 관광객이 자신이 근무하는 영국의 런던 교외 렉싱턴 도서관에 성당 건축 도면이 보관되어 있다는 복음 같은 말을 전한 것이었다. 당시 대성당 증축 설계책임자가 현지로 날아가 원 도면을 찾아냈고, 서울시 측도 마침내 입장을 바꿔 증축을 허가하기에 이르렀다.

공사 과정도 간단치 않았다. 원래의 벽재와 벽돌을 그대로 재현하기 위해 고갈된 강화도산 화강암 석재와 흡사한 중국 칭다오산을 다듬어 들여오고 주황색 벽돌도 경기도 화성에서 흙을 찾아 재래식 노(爐)에 넣어 원래 형태로 일일이 구워내야 했다. 60억 원의 공사비를 들여 십자가 양 날개와 아래 부분을 증축하고 사제실·세미나룸 교육관의 지하 3층을 새로 들여 완공한 것은 1996년 5월 2일. 정확히 70년 만에 제 모습을 찾은 것이다. 서울대성당 김한승 신부는 "증축 완공된 서울대성당은 양식은 물론 구조물 하나까지도 철저하게 로마네스크 양식을 지키기 위해 공을 들인 초기 건물에 비해 완성도가 떨어져 안타깝다"고 말했다.

02 한국 최고의 목조성당
강화읍성당

▲성공회 선교사들이 한국 선교의 요람 격으로 배의 형상을 택해 세운 최고의 목조성당 성공회 강화읍성당. 한국인에 맞는 종교의 토착화를 염두에 두고 한국 문화와의 접목을 시도한 강화도 최초의 교회 건물이다. 팔작지붕과 큰 기둥 등 전통적인 한옥에 바실리카 교회 양식을 들여 동서양의 아름다운 만남을 걸출하게 연출한 점이 특이하다.

▲성당 경내로 진입하는 첫 출입문인 외삼문. 배의 형상을 한 성당의 뱃머리 부분으로 솟을대문과 십자가가 절묘하게 어우러진다.

강화대교를 건너 강화읍에 들어선 뒤 고려궁지로 향하다가 오른쪽 좁은 골목길을 끼고 구릉 정상에 오르면 만나게 되는 강화읍성당(인천광역시 강화군 강화읍 관청리). 북산과 남산의 가운데 지점에 한옥으로 잘 지어진 이 성당이 바로 개항기 최대의 선교 거점이었음을 아는 이는 드물다. 전통 목조 중층 한옥의 성당은 정면 4칸, 측면 10칸의 총 40칸 규모. 팔작지붕을 얹고 목골 벽돌조로 외벽을 두른 한옥이지만 내부공간을 전형적인 삼랑식(三廊式) 바실리카 양식으로 연출한 동서양의 정교한 만남이 이채롭다. 지금은 관할 사제 1명에, 불과 100여 명의 신자가 적을 두고 있는 작은 교회이지만 1900년 세워질 당시만 하더라도 강화에선 기독교를 통틀어 가장 먼저 세워진 큰 교회였다.

성공회 최초의 한국인 사제 김희준을 배출한 성당이고, 서울대교

▲성당 내부 전경. 전통 한옥의 중층 목조 골격을 기본으로 삼았지만 20개의 큰 기둥으로 신자석과 지성소, 통로를 구분하는 삼랑식 바실리카 양식이 뚜렷하다. 1960년대까지도 남녀를 가르는 칸막이가 있었다.

구장을 지낸 정철범 주교도 이 성당 출신. 이 성당보다 조금 늦게 강화에 세워진 온수리성당은 현재 강화에서 교세가 가장 크지만 여전히 강화읍성당은 이 지역 12개 교회와 기관을 대표하는 중심 성당이다. 성당의 모습은 세워질 당시와 크게 다르지 않다. 남산을 향해 외삼문, 내삼문, 성당, 사제관이 늘어서 마치 배의 형상을 연상케 한다. 선교사들이 "세상을 구원하는 방주가 되자"는 뜻을 세워 배의 모양으로 지었다고 한다. 우선 성당의 바깥 출입문인 외삼문은 뱃머리에 해당하는 부분으로 강화 읍내를 훤히 내려다보고 있다. 외삼문에서 3계단을 더 올라 내삼문을 지나도록 돼 있는데 여기에는 종각이 들어서 있다. 원래 이 종각에는 1914년 영국에서 들여온 종이 매달려 있었는데 서울대성당의 것보다 조금 작지만 음색이 아름답고

▲성당의 정면 외벽 처마 단청과 주련 문양. 십자가를 연꽃무늬로 장식한 게 독특하다.

소리가 사방 10여km 떨어진 곳까지 울려 퍼졌다고 한다. 1945년 일제에 의해 징발되었으며, 지금의 종은 1989년 신자들이 모금해 다시 매단 것이다.

종각 중간에 서서 배의 선복에 해당하는 성당의 팔작지붕을 올려다보면 가장 먼저 '천주성전(天主聖殿)'이란 현판이 눈에 들어온다. 성당이나 예배당에서 일반적인 '당(堂)' 대신 성전으로 쓴 것이 독특하다. '천주성전' 현판 밑 4칸 벽면에 주련이 걸렸는데 이 주련 위에 연꽃무늬를 장식한 것도 인상적이다. 출입구인 전실과 회중석, 통로, 지성소(대제대), 감실(소제대), 예복실로 구성된 성당의 내부는 바깥에서 보기와는 영 딴판. 모두 20개의 큰 나무기둥이 천장을 받치고 있는데 전실에서 출입문을 열고 들어서면 3번째 기둥 중간에 세례할 때 쓰이는 화강암 성천대가 있다. 6번째 기둥부터 북쪽으로 지성소와 제대가 들어서 전체적으로 이곳에 시선이 집중되도록 꾸몄다. 지성소 안에는 회중석 마루보다 높은 계단 위에 돌판을 깔고 그 위에 화강암 제대를 고정했다.

이 제대는 의식을 거행할 때 신자들의 이목이 집중되는 신성한 곳으로 성당 전체적으로 가장 정성을 들였음을 알 수 있다. 제대 뒤 가운데 기둥에 하느님 야훼를 뜻하는 '만유진원(萬有眞原)'이라 쓴 현판은 당시 선교사들이 선교의 근원으로 삼았다고 한다. 지성소 북쪽 1칸을 2계단으로 높이고 제대를 놓은 후 정면에 성체를 봉안하는 성막을 안치했는데 이곳이 작은 예배가 이루어지는 집회 공간. 성당의 구조상 미사 때 사제가 신자들에게 등을 보인 채 집전하는 형식이 살아 있는 유일한 성당이기도 하다. 나름대로 초기 교회의 전통을 이어오고 있는 셈이다.

▲외삼문과 성당 본당 사이에 마련된 종각. 서울대성당의 종과 비슷한 시기에 영국에서 들여온 종이 있었으나 일제에 의해 강탈됐고, 지금의 것은 나중에 신자들이 모금해 다시 매달았다

그러면 유배지 강화에 이처럼 큰 성당이 세워진 이유는 무엇일까. 그것은 바로 초기 선교사들이 이곳을 영국의 이오나(Iona) 섬처럼 신앙의 성지로 삼으려는 꿈을 갖고 있었기 때문이다. 영국 북부 스코틀랜드 서안에 있는 이오나 섬은 6세기쯤 콜롬바(Colomba)가 들어가 교회를 개척하고 수도원을 세운 성공회의 뿌리. 유배지 강화도도 당시만 해도 소외와 핍박의 땅으로 교회가 전혀 없었다. 선교사들은 강화 외성 출입문인 진해루 밖 나루터에서 한옥 한 채를 마련해 처음 선교를 시

▲성당 지붕의 십자가와 '천주성전' (天主聖殿) 현판. 강화산 기와를 중층으로 얹은 팔작지붕의 용마루 끝에 처마기와 대신 십자가를 올렸다.

작했는데 바로 이곳이 강화 최초의 교회인 셈이다. 당시 조선 정부가 해군을 육성하기 위한 해연총제아문을 설치해 그 직속으로 조선수사해방학당을 1893년 이곳에 설립했던 것도 성공회가 이곳에서 가장 먼저 선교를 시작할 수 있었던 요인. 당시 영국인 해군 장교와 포병 교관이 임명되고 통역으로 고용된 성공회 교인이 영어를 가르쳤다고 한다.

강화읍성당이 축성된 것은 성공회 3대 주교인 조마가(트롤로프) 신부 때. 1899년부터 터닦기를 시작, 1년간의 공사를 거쳐 1900년 11월 15일 축성식이 열렸다. 조마가 신부가 신의주에 직접 가서 백두산 원시림 적송을 뗏목으로 강화까지 운반했으며 도목수는 경복궁을 신축할 때의 도편수였다고 전해진다.

조마가 신부는 지금도 80세 이상의 고령자들에게 회자될 만큼 강화도 지역에서 그의 치적은 곳곳에 담겨있다. 기와와 석재는 모두 강화산을 썼으며 성당 내 석물과 담장 기단은 인천에서 온 중국인 석공들이, 담장 미장은 강화 주민들이 맡았다.

▲성당의 중심 공간인 지성소. 중앙 제대와 신자석을 가르는 영광문 위에 십자가, 마리아와 요셉 상을 세웠고 그 안쪽에 제대를 모셨다.

강화읍성당이 축성된 뒤 감리교, 장로교 등 개신교와 천주교가 앞다투어 선교에 나서 교회들을 세우면서 그야말로 강화는 종교 각축장이 되어갔다. 지금 강화읍성당 주변에 감리교 중앙교회, 장로교 성광교회, 천주교 강화성당 등 강화 지역에선 가장 큰 교단의 중심 건물들이 병풍처럼 둘러서 있어 당시 선교전이 얼마나 치열했는지를 짐작할 수 있다. 강화읍에선 지금 이 교회들과 주변의 고려궁지, 용흥궁 등을 연결하는 문화벨트 조성공사가 추진 중이다.

"성공회는 구한말 열강의 각축과 맞물려 경쟁적으로 진행됐던 기독교 선교 양태와는 사뭇 다르게 한국 문화와의 접목을 시도했고 강화읍성당은 그 토착화의 전형입니다." 강화읍성당 관할사제이자 성공회 강화교무국 총사제인 김준배 신부의 말이다.

■강화도 의병운동과 교회

1907년 강화도에서 기독교 인사들을 중심으로 번졌던 정미 의병운동은 지금까지 큰 아픔으로 남아있다. 정미 의병운동이란 정미조약 직후 강제 해산당한 군대 출신들이 의병을 조직해 무력투쟁을 전개한 사건. 이동휘, 연기우, 지흥윤, 유명규 등이 주도한 의병들이 일본인 순사와 일진회 강화지부 총무였던 강화군수 정경수를 살해했는데 이와 관련해 일본군 수비대가 의병을 진압하는 과정에서 많은 교인과 주민들이 희생되었다.

강화 의병운동의 핵심인 이동휘는 강화 진위대장 출신으로 1905년 강화읍에서 감리교로 개종한 인물. 강화읍교회의 권사로서 강화 지역을 순회하며 선교사들로부터 '강화의 바울'이란 별명을 얻었다. 이동휘가 감리교 권사였다는 사실 때문에 감리교회는 민족주의 단체로 인식됐고 큰 희생을 치러야 했다.

이에 비해 성공회는 직접적인 무력투쟁에 나서지는 않았지만 중도적인 입장을 택해 많은 주민들을 구한 공을 강조하고 있다. 당시 주민들이 전란을 피해 강화성공회 성당이나 수녀원에 모여들었는데 성공회 단 아덕(터너) 주교가 일본군 대장과 두 차례 담판하여 일본군을 물러나게 함으로써 화를 면했던 것. 성공회는 "일본군의 공격을 사전에 막아 주민들의 희생을 줄였지만 일본군의 무력행동에 대한 비판없이 사태수습에 나선 것은 아쉬움"이라고 평가하고 있다.

03 최초의 서양식 예배당
정동제일교회 벧엘 예배당

▲아펜젤러 목사에 의해 세워진 한국 개신교 첫 교회 건물 정동제일교회. '한국 감리교의 어머니 교회'라는 통칭 그대로 한국에서의 감리교 역사를 그대로 간직하고 있다. 창틀이 확연하게 눈에 띄는 오른쪽 건물이 바로 정동제일교회의 초석인 벧엘 예배당으로, 계속되는 수난에도 불구하고 약식 고딕 양식의 교회 원형이 잘 보존되어 있다.

'한국 감리교의 어머니 교회'로 불리는 정동제일교회(서울 중구 정동 34·사적 제256호). 정동제일교회의 초석이자 신자 수 150만 명에 달하는 한국 감리교의 요람이 바로 '벧엘 예배당'이다. 한국 최초의 선교사 아펜젤러가 배재학당과 이화학당 학생들을 중심으로 선교를 펴나간 '하나님의 집(벧엘)'. 이 한국 개신교 최초의 교회 건물 안에는 교회사에 남을 숱한 기록들이 담겨 있다.

서울시청 건너편 덕수궁 돌담길을 따라 걷다가 모퉁이를 돌면 정동극장과 이화여고, 시립미술관에 둘러싸인 아담한 교회가 눈에 들어온다. 크지 않지만 묵직한 중량감이 느껴지는 교회 안에 들어서자마자 바로 눈에 띄는 게 벧엘 예배당. 지금은 주변의 높은 빌딩들에 가려 왜소해 보이지만 1898년 500명을 수용할 수 있는 전통적인 라틴십자형 고딕 양식으로 지어졌을 때만 해도 이 '언덕 위의 신식 건물'은 단연 장안의 명물이었다.

'하나님 신앙'을 상징하는 중앙의 높은 천장지붕과 양측 측랑의 삼랑식(三廊式)에, 출입구에서부터 제단까지 장방형의 긴 수평선을 갖추고 있다.

중앙의 높은 수직과 장방형 긴 수평 방향의 내부공간이 유럽 전통의 고딕 양식을 띠고 있지만 신랑(身廊)과 측랑(側廊) 천장높이의 큰 차이가 없는 것은 전통 고딕 양식에서 탈피한 느낌이다.

삼각형의 박공지붕 형태가 고딕 교회에서 흔한 뾰족 첨탑을 대신하는 게 독특하다. 기둥은 처음 지어질 땐 없었지만 증축 과정에서 생겨난 것. 4각 또는 원형의 석조기둥이 중앙 신랑과 양측 측랑을 구분하고 있으며, 이 내부 기둥을 통해 가운데 신랑과 양쪽 측랑이 구분되어 종교적 분위기를 연출하고 있다.

▲예배당 정면의 성구와 파이프오르간. 6·25전쟁 때 폭격을 맞아 심하게 훼손된 것을 이후에 원형대로 복원했다. 파이프오르간은 건립 당시 동양에선 3번째, 한국에선 처음으로 설치되었으나 역시 전쟁 중 훼손돼 복원했다.

창문의 첨두아치와 격자무늬 장식 창은 일반적인 고딕 형태보다 단순화된 형태로, 나중에 교회 창문의 모형이 됐다. 제단은 내부 전면에 4각의 형태로 외부에 약간 돌출되어 있고, 내부의 반원형 아치는 전통 고딕 양식을 띠고 있다.

일본 요코하마에서 만들어 들여온 강단 성구는 한국 개신교 최초의 것으로 이후 모든 교회들이 같은 형태의 성구를 제작해 사용하고 있다.

1885년 부활절에 한국 땅을 밟은 선교사 아펜젤러(1858~1902)가 서울 정동 구역에 일군 역사는 곳곳에 스며 있지만 이 벧엘 예배당은 그 중에서도 핵심. 미국 감리교 선교부로부터 한국 선교의 책임을 부여받아 한국에 파송돼온 선교사 아펜젤러 일행이 처음 치중했던 것

▲벧엘 예배당의 내부 전경. 정면 강단, 제단을 중심으로 좌우 각각 6개의 기둥열이 예배당의 신랑과 측랑을 구분한다. 처음에는 긴 의자 없이 마룻바닥에서 예배를 보았으며 예배석도 남녀석이 구분되어 있었다.

은 선교가 아닌 교육사업이었다. 조선의 천주교 박해에 대해 잘 알고 있었던 그가 처음부터 선교를 강행하기엔 무리였다.

아펜젤러를 비롯해 당시 선교를 위해 함께 한국에 들어온 일행이 고종으로부터 허락받은 것도 교육과 의료사업에 국한됐다. 그래서 1887년 시작된 배재학당과 이화학당은 그 같은 분위기에서 본격적인 선교에 앞서 탄생한 한국 최초의 교육기관이었던 것이다. 그런데 이 배재학당과 이화학당은 벧엘 예배당과 떼려야 뗄 수 없는 깊은 관계를 갖고 있다.

아펜젤러는 한국에 온 뒤 정동의 조선인 집을 사들여 내실 한 방을 지성소로 꾸며 첫 예배처로 삼았는데, 이것이 그 유명한 '정동 예배처'. 한국 감리교와 정동제일교회의 태동지로, 이곳에서 한국선교회

▲예배당 뒷벽의 창문. 뾰족한 윗부분과 아래의 둥근 형태가 섞인 창틀과 장식은 일반적인 고딕 교회의 것과는 달리 약식으로 처리되었으며, 많은 교회들이 이 양식을 택하고 있다.

가 창시됐으며, 배재학당이 시작되었다.

   당시만 해도 남녀가 한 자리에 모여 예배드린다는 것은 상상도 할 수 없는 일. 남자들은 교회이자 학교인 아펜젤러의 집에서 모였고, 여자는 함께 파송된 스크랜튼 여사의 집과 이화학당에서 모였다. 1885년 10월 11일, 외국인과 한국인이 함께 한 한국개신교 최초의 성찬예배가 드려졌는데 정동제일교회는 이 날을 창립일로 지키고 있다.

   그러나 조선인에게 전도하는 것은 여전히 법적으로 금지되어 있었다. 따라서 아펜젤러는 우선 일본 공관원들을 대상으로 성경공부를 시작했고, 이 모임이 성장해 서울연합교회로 발전했으며 초대 담임목사로 아펜젤러가 선임됐다. 그러다가 고종이 '배재학당' 이라는 학교명을 하사하면서 한국인에 대한 복음 선교사업도 본격화되었다. 이 같은 흐름을 타고 세워진 게 바로 벧엘 예배당이다. 예배당 건립비용(8048.29원, 조선인 모금액 693.03원)은 미국 선교부가 대부분 충당했고, 한국의 교인들도 헌금을 했지만 극히 일부분이었다.

건립 당시의 예배당 규모는 길이 21.2m, 너비 12.12m, 높이 7.5m, 넓이 380.19㎡. 지붕은 함석으로 꾸몄고, 사방으로 유리창을 내어 자연채광을 하였다. 1897년 6월 거의 완공됐을 무렵 배재학당 방학식을 먼저 치렀고, 헌당예배는 그 해 12월 26일 성탄절에 드렸지만 실제 건물이 완공된 것은 이듬해인 1898년 10월이었다.

2년 반에 걸친 공사 끝에 세워진 벽돌예배당은 단연 장안의 화젯거리였다. 당시만 해도 검은 기와나 초가지붕에 흙으로 쌓은 집 일색이었으므로 당연히 화제가 되고도 남았다. 이 건물을 보기 위해 구경꾼들이 줄을 이었다. 처음 보는 십자가 모양의 예배당 형태 자체는 물론 남쪽 귀퉁이에 솟은 종탑은 퍽 이색적인 것이었다.

"교회당에 지붕을 올린 후 8개월 동안 고종황제를 비롯해 시골에서 온 농부들까지도 교회당의 구조에 대해 경이로움을 갖고 구경하러 왔다. 교인들과 외국인들도 감격에 겨워 교회당 주변을 맴돌았다." (1897년 아펜젤러 연례보고서)

예배당이 처음 건립됐을 때만 해도 의자 없이 마룻바닥에 남녀가 따로 앉아 예배를 보았으며 남녀석 가운데에는 휘장을 쳐 남녀를 구분했다.

예배 때면 창문을 통해 예배 모습을 들여다보는 구경꾼들로 혼잡을 빚곤 했다. "주로 이화학당 학생들로 구성된 성가대와 찬송소리를 듣기 위해 주일마다 교회 창문은 구경꾼들로 메워졌고 제단에 나와 남녀 교인들이 나란히 무릎 꿇고 예수의 피와 살을 받아먹고 마시

는 그 거룩한 모습은 많은 사람들의 동경의 대상이 되었다."(정동제일교회 구십년사)

한국 최초의 서양식 혼례도 이곳에서 열렸다. 예배당이 건립된 이듬해인 1899년 7월 14일 배재학당과 이화학당 학생 두 쌍이 합동결혼식을 가진 것으로, 이후 이른바 '신식결혼' '연애결혼'이 확산되었다.

벧엘 예배당을 중심으로 한 정동거리는 당시 문학 예술인들의 중요 활동처. 나도향, 전영택 등이 작품 활동을 하며 후진을 양성했고, 〈창조〉〈백조〉 등의 주요 문학동인지가 탄생했는가 하면 소설의 주요 배경으로 등장하기까지 했다.

일제 치하 벧엘 예배당을 중심으로 한 정동교회 역시 수난을 피하지 못했다. 민족대표 33인 중 감리교 대표가 9명으로, 이 가운데 정동교회 교인 2명이 옥고를 치렀다. 특히 2만 5,000명에 달하는 일본인들이 서울 중심부

▲정동제일교회 예배당 좌우에 설치된 스테인드글라스. 유럽 전통 교회 건축의 색유리창에 비해 단조롭지만 예배당 내부를 종교적인 분위기로 이끄는 중요한 구조물이다.

에 몰려들면서 정동교회 주변에 살던 신자들이 성 밖으로 밀려나 예배 참석자가 사뭇 줄었고, 1912년 한 해에만도 교인 54명이 상하이, 만주로 망명하거나 이민을 간 것으로 정동교회 측은 밝히고 있다.

벧엘 예배당은 1916년 북편을 증축한 데 이어 1926년 1,500명 수용 규모로 182㎡를 증축하면서 원래의 라틴십자가 형에서 지금의 사각형으로 변해 원형을 잃은 아쉬움이 있다.

6·25전쟁 중엔 폭격을 받아 예배당의 절반가량이 무너져 내렸으며, 이때 예배당에 있던 한국 최초의 파이프오르간도 부서졌다. 1977년 문화재로 지정된 뒤 '문화재 예배당'으로 불려 왔으며, 1987년 화재로 소실된 내부 보수와 1990년 종탑 보수, 2001년 건물 붕괴 우려에 따른 보수를 거쳐 현재에 이르고 있다.

04 절골의 백정교회
인사동 승동교회

▲103년 역사의 승동교회 전경. 로마네스크 양식의 적벽돌 건물로 지어진 대한예수교장로회(예장 합동) 교단의 모교회이지만 1958년 신자석 공간을 늘인 증축공사 이후 초기의 모습과는 많이 틀려졌다.

▲승동교회 우측 모습. 본당 건물의 골격은 전체적으로 초기의 모습에서 많이 벗어났지만 박공지붕과 적벽돌의 외벽이 비교적 옛 모습을 간직하고 있다.

서울 종로구 탑골공원에서 인사동 쪽으로 방향을 잡아 길을 들어서면 초입 왼쪽 좁은 골목 끝의 보일 듯 말 듯한 작은 교회가 하나 눈에 들어온다.

골동품 가게며 크고 작은 현대식 건물들이 어수선하게 엉킨 풍경에선 영 생뚱맞게 보이는 로마네스크 양식의 뾰족집 승동교회(종로구 인사동 137 · 서울시 유형문화재 제130호)다.

▲승동교회 주차장 쪽에 옛 모습대로 남아있는 한옥. 신학생 교육과 기숙사로 사용됐지만 지금은 전도장소로 쓰인다.

인사동을 찾는 이는 물론 주민들도 대부분 존재 자체를 잘 알지 못하는 이색 공간. 이처럼 생소하지만 1904년 이후 줄곧 지금의 자리에서 복음을 전해온 대한예수교장로회(예장 합동) 교단의 대표적인 모교회다. 특히 일제 치하 3 · 1운동의 중심지이자 항일 독립운동의 거점이었던 곳. 통합 · 합동으로 갈라진 대한예수교장로회 분열의 현장이란 아픔을 함께 담고 있는 개신교계의 또렷한 유산이다.

승동교회의 뿌리는 지금의 소공동 롯데호텔 자리인 옛 곤당골의 작은 한옥에서 미국 북장로교 소속 선교사인 새뮤얼 포먼 무어(1860~1906 · 한국명 모삼열) 목사가 1893년 시작한 목회. 곤당골이란 청계천 변에 고운 담(곤담)이 둘러쳐져 있었다고 해서 붙여진 이름인데 당시 주변에는 백정들이 많이 모여 살았다고 한다.

교도소 수감자와 빈 · 천민 대상 사목으로 널리 알려진 모삼열 목사가 이 곤당골에서 최하층 신분의 백정들을 대상으로 목회를 시작한 것은 당연해 보인다. 초창기 예배에 이 백정들을 중심으로 16명의 교인이 참여했는데, 그 때문에 승동교회에는 지금도 '백정 교회' 라는 이름이 별명처럼 따른다.

곤당골 교회가 인사동에 한옥을 사들여 이사한 것은 2대 당회장인 이눌서(W. D. Reynolds) 목사가 시무하던 1904년 10월. 이듬해부터 새 예배당 건립에 나서 1912년 지금의 본당 골격을 갖췄다. 원래 적벽돌을 쌓아 박공지붕을 인 정방형의 벽돌조 로마네스크 건물이었는데 1959년 앞 출입문 쪽 신자석 공간을 늘린 증축공사로 초기의 모습을 잃었다. 초창기엔 앞쪽에 두 개의 출입문을 따로 내 남녀 신자들의 출입과 예배 공간을 구분했지만, 지금은 증축된 공간 쪽으로 한 개의 통합문을 내어 당시와는 영 딴판이다.

그나마 독경대를 비롯한 중앙의 의식공간은 초기의 모습을 그대로 유지하고 있으며, 본당 주변에 흩어져 있던 옛 모습의 한옥들은 전도회 장소로 쓰이고 있다. 지하엔 기도실과 교역자실, 상담실, 유치원, 성가대실이 옹기종기 들어서 있다.

그런데 인사동에서 '승동' 이란 옛 지명을 그대로 쓰고 있는 이유는 무엇일까. 승동의 원 명칭은 인근 절골(寺洞)로 이어지는 마을이란 뜻의 승동(承洞). 1907년 이 교회에서 장로교 경기도연합부흥회가 열렸는데 당시 평양 장대현교회 장로였던 길선주 목사가 설교하면서 "이웃 절골과 영적인 싸움에서 승리하는 교회가 돼야 한다" 고 주장한 것을 계기로 이길 승(勝)자를 쓰기 시작, 그때부터 승동(勝洞)교회가 됐다고 한다.

교회 이름에 얽힌 사연은 썩 내키지 않지만 승동교회는 이후 여러 이유에서 한국 개신교계의 중요한 신앙 터로 거듭 주목받았다.

▲승동교회 내부 모습. 중앙의 독경대와 넓은 예배공간이 번창했던 교회의 옛 모습을 짐작케 한다.

일제 강점기 한국 교회들이 자의 반 타의 반 동참했던 신사참배에 대한 회개와 반성에 앞장섰던 것도 그 중 하나. 대한예수교장로회는 1938년 평양 서문 밖 교회에서 제27회 총회를 열어 신사참배를 공식적으로 받아들였는데, 광복 이듬해인 1946년 승동교회 총회에서 '당시의 신사참배는 잘못된 것'이라며 무효선언을 해 세상의 관심을 모았던 것이다.

백정 교회 이후 '낮은 데로 임하소서'라는 신앙철학을 지킨 역대 목회자들도 교회를 세상에 널리 알리게 된 주 요인이다. 특히 김익두(9대 · 1935~1938년 담임) 목사와 뒤를 이은 오건용(10대) · 이덕흥(11대) 목사는 지금도 전설처럼 회자된다.

황해도 안악 태생인 김익두 목사는 원래 불량배 출신이었으나 부흥사가 돼 이 교회를 이끈 인물. 몸이 아픈 신자들을 치료하는 능력이 탁월했는데 그의 설교를 통해 많은 사람들이 회심의 길로 들어선 것으로 전해진다. 구름처럼 몰려든 신자들을 두려워한 일제가 김익두 목사와 교회를 탄압한 것은 불을 보듯 뻔한 일. 결국 신사참배에 강력하게 맞섰던 김익두 목사는 강제로 물러난 뒤 6·25전쟁 때 새벽기도회를 하던 중 퇴각하던 북한군의 총에 맞아 순교했다고 한다.

오건용·이덕홍 목사는 맹인들을 위한 신앙공간이 없던 무렵 맹인 선교에 치중해 대부분의 맹인 신자들이 이 교회에 의지해 신앙생활을 할 수 있었다고 한다.

이와는 달리 1959년 세계교회협의회(WCC) 가입을 놓고 용공성 시비 끝에 의견이 나뉘어 장로교가 갈라진 것은 한국 개신교계의 큰 아픔으로 남아 있다. 당시 WCC 가입에 반대하던 측은 승동교회에서, 찬성하던 측은 연동교회에서 각각 총회를 열었는데 이를 계기로 합동(승동교회 측)과 통합(연동교회 측)으로 교파가 나뉘었다.

갈라진 지 43년 만인 지난 2002년 6월 양측 교회가 극적으로 교환 예배를 갖긴 했지만 교회의 통합은 이루지 못했다.

지금 이 교회에 적을 둔 신자는 3,000명. 이 가운데 예배 출석 인원은 1500명 정도로 대를 이어 이 교회를 다닌 신자가 30%를 차지한다고 한다. 신자들이 사는 곳도 분당, 안산, 춘천 등 다양해 그야말로 전국적인 교회인 셈이다.

다른 교회에서 볼 수 없는 승동교회만의 특징은 노인 사목. 인근 탑골공원을 찾아 노인들에게 식사를 대접하며 세례를 주었는데 언제부터인가 노인들이 자발적으로 승동교회를 찾아와 신도가 됐다고

▲승동교회 정문 앞의 '3·1독립운동 기념터' 표석. 만세운동을 주도했던 학생 대표들이 이 교회에서 거사를 모의한 사실을 기려 세운 것이다.

한다. 10년 전부터는 탑골공원을 자주 찾는 노인들을 중심으로 노인 위주의 장년 2부 예배를 운영해 지금은 매주 300여 명의 노인이 예배에 참석한다. 세례 받은 노인들은 사후 경기도 백석의 승동동산 묘역에 안치하는데 이 소식을 들은 가족들이 찾아와 신자가 되는 경우가 적지 않다.

박상훈 담임목사는 "승동교회는 드물게 도심 복판에 남아 있는 전통적인 교회"라면서 "초기의 '백정 교회' 이후 사회 기여 차원에서 일관성 있게 목회와 신앙을 이어온 흔치 않은 공간"이라고 말한다.

■ '3·1운동 유적지' 지정된 항일역사의 산실

승동교회는 비록 많은 이들에게 '잊혀진 교회'가 됐지만 일제 강점기 항일민족운동의 구심점이자 3·1운동의 본산으로 역사의 중심에 서 있었다. 1900년대 초 우국지사들이 모여들어 예배를 보면서 민족주의의 색채를 띠어간 승동교회는 청년운동의 주축인 YWCA(대한여자기독교청년연합회)를 태동시켰고, 한신대의 전신인 조선신학교를 낳은 곳이기도 하다.

무엇보다 1919년 3·1운동에 앞서 학생 대표들이 모여 만세운동을 모의한 학생지도자회의가 열렸던 현장임을 빼놓을 수 없다. 당시 승동교회 청년모임인 청년면려회장이었던 김원벽은 연희전문대생으로 학생들의 큰 신망을 얻었던 인물. 김원벽을 주축으로 한 전국 학생대표들은 승동교회 지하실(지금의 기도실)에 모여 태극기와 기미독립선언문을 나눠 갖고 3월 1일 거사에 참여한 것으로 알려져 있다.

지금의 조계사 뒤쪽 보성사에서 인쇄된 독립선언문은 거사 전날인 2월 28일 새벽부터 전국에 전달됐다. 이 가운데 1,500여 장이 승동교회에 모였던 학생 대표와 신자들을 통해 서울 시내 각처로 배포됐다.

학생 대표들은 3·1운동 나흘 뒤인 3월 5일 서울역과 남대문 일대에서 만세운동을 다시 일으켰는데, 현장에서 일경이 휘두른 칼에 찔려 체포된 김원벽은 3년여의 옥고를 치른 뒤 결국 후유증으로 사망했다고 한다.

3·1운동 직후 당시 승동교회 담임이었던 차상진 목사가 주도한 이른바 '십이인 등의 장서(十二人等의 長書)' 사건도 유명한 일화다. 차상진 목사를 비롯한 목회자 12명이 연서해 일제 침략을 규탄하는 장서를 종로 보신각 앞에서 발표한 뒤 총독부에 제출한 사건이다. 물론 당사자들은 모두 체포돼 옥고를 치렀다. 이 같은 사연으로 인해 승동교회는 지난 1993년 '3·1운동 유적지'로 지정됐으며 매년 3·1절 주일마다 3·1정신을 기리는 예배가 올려지고 있다.

05 국내 유일의 '一'자형 교회
영천 자천교회

▲한국 초기 교회의 신앙을 고스란히 들여다볼 수 있는 영천 자천교회 전경. 남아있는 유일한 '일(一)자' 교회로, 1903년 지어진 당시의 모습을 그대로 갖추고 있다.

경북 영천시의 보현산 자락에 자리 잡은 한옥 형태의 자그마한 자천교회(화북면 자천3리·경상북도 지방문화재 문화재자료 452호). 남아 있는 유일의 '一'자형 교회로 교회건축사에선 빼놓을 수 없는 독특한 예배 공간을 갖추고 있다. 건축의 독특함에 얹어 영남 지역 교회사에서도 중요한 교회. 교인이 고작 30명 남짓하지만 1903년 건립된 뒤 이 지역에 처음으로 복음을 전파했던 신앙 요람이다. 대한예수교장로회(통합) 경동노회에 소속되어 한때 주일예배 때 300여 명이 예배당에 모일 만큼 교세가 컸던 교회. 하지만 6·25 전쟁 직후 인근의 상송교회가 분가한 데 이어 입석교회가 독립했고, 1970년대 목회자의 신앙 문제로 화북교회(합동)로 또 한 차례 갈라진 상처를 갖고 있다. 오랜 풍상 속에 교세는 형편없이 사그라졌지만 경북 동부와 동북 지방 복음의 씨앗을 싹틔운 신앙 요람으로 끊임없이 회자된다.

▲예배당의 '우진각' 지붕. 6·25전쟁 중 신자들이 지붕 위에 흰 횟가루로 교회 표시를 해 폭격을 피했다.

●100년을 견뎌낸 기와지붕

자천교회의 역사는 미국인 선교사와 서당 훈장의 우연한 만남으로부터 시작된다. 주인공은 바로 '영남지방의 어머니교회' 라는 부산 초량교회를 세운 미국 북장로교 소속 배위량(W. M. Baird) 선교사의 처남인 안의와(J. E. Adams) 목사와, 경주의 작은 마을 선비 출신인 자천교회 설립자 권헌중 장로. 배위량 선교사의 뒤를 이어 영남지역 선교 책임을 맡아 대구에 들어온 안의와 목사는 경북 동부와 동북 지역 선교여행에 나섰다고 한다. 같은 시기 경주에서 아이들에게 글을 가르치던 서당 훈장 권헌중은 일제의 착취와 압박을 피해 고향을 떠나 대구로 가던 길이었다. 각자 다른 목적으로 길을 떠났던 두 사람이 만난 게 1897년 지금의 영천시와 청송군의 경계지인 노귀재에서다.

서당 훈장의 식견 때문이었을까. 권헌중은 상당히 열린 의식을 갖고 있었던 인물이었던 것 같다. 안의와 목사에게 감화를 받아 대구로의 이사를 포기한 채 이삿짐을 내려놓고 영천 자천리에 초가삼간을 구입해 세운 게 자천교회의 모태이다. 초가 사랑방을 예배당 겸 서당으로 써 낮에는 한문을 가르치고 저녁에는 성경을 공부했는데 당시 교인이라야 서당에 다니는 문동들과 권헌중을 따라온 노비와 머슴이 전부였다. 앞장서 상투를 자르고 데리고 있던 노비들의 문서를 불태워 자유의 몸으로 해방시키는 등 개방적이었던 권헌중에게 감화된 신자들이 늘어나면서 교회 건물을 키워야 했다. 1903년 기와지붕을 얹은 목조 건물로 다시 세웠는데 지금의 자천교회는 당시의 골격을 그대로 유지하고 있다. 당시 다른 교회와 마찬가지로 주민들의 반대에 부닥쳐 교회를 세우기까지 여간 애를 먹은 게 아니었다. 결국 주민들에게

▶예배당 앞에 선 종각. 1930년대에 신자의 헌금으로 만든 종이 걸렸지만 일제의 공출로 철거되고 이후 새로 만든 종이 예배를 알리고 있다.

▲강대 정면에서 본 예배당. 뒷쪽에 남녀 신자들이 각각 예배와 모임을 할 수 있도록 별도의 방을 들였다.

면사무소를 지어주고서야 교회를 지을 수 있었다고 한다. 기와지붕을 인 목조 예배당에 들어서면 일(一)자형 공간이 완연하다. 동네 목수들이 천장이며 보, 기둥들을 모두 만들었다고 하는데 울퉁불퉁한 목재들이 아주 투박하게 놓이고 이어졌지만 모양새와는 다르게 아주 탄탄한 구조를 갖추고 있다. 아치형 공간을 만들어 선교사석과 설교자석을 두고 바로 앞에 강대를 놓았는데 남녀가 따로 앉아 예배를 보도록 신자석 가운데 칸막이를 쳤다. 남녀 신자석을 갈랐던 초기 교회들에서 대부분 휘장으로 공간을 구분한 것과는 달리 아예 나무 칸막이를 만들어 놓은 게 특이하다. 물론 남녀 신자들은 서로를 볼 수 없고 설교자만 남녀 신자들을 모두 볼 수 있도록 한 장치이다. 일제시대 철거된 채 예배가 진행되어 오다가 지난 2005년 복원공사를 거쳐 원래의 모습

▲소박하고 어설픈 모습의 예배당 내부. 예배당 가운데에 세워진 남녀 신자석 칸막이가 흥미롭다.

을 되찾았다. 출입문도 왼쪽은 남자, 오른쪽은 여자 신도가 따로따로 드나들도록 각각 냈는데 여자 신도 출입문을 2개나 만든 것은 당시 여 신도들이 더 많았기 때문인 것으로 보여진다.

신자석 뒤쪽에 두 개의 방을 낸 것도 이 교회에서만 볼 수 있는 풍경. 남녀 신자들이 따로따로 모여 예배를 드리고 성경 공부도 하도록 방을 낸 것인데 역시 일제시대 때 없어졌던 것을 2005년 발굴조사를 거쳐 복원해 놓았다. 교회 안에서 '남녀 7세 부동석'의 풍습을 살리면서 신앙을 이어가려 애쓴 흔적이 역력하다. 지금도 간혹 고령의 신자들은 부부가 함께 와서도 예배를 볼 때 칸막이를 사이에 두고 떨어져 앉는다고 한다.

예배당 지붕을 넓고 평평한 '우진각' 형태로 얹은 것도 특이하다.

▲교회 앞 한옥. 6·25전쟁 중 자천교회 덕에 폭격을 피해 남아있다.

'우진각' 지붕은 전통 한옥의 대문에 흔하지만 독립 건물에 쓰여진 것은 흔치 않다. 건물 네 면에 지붕면을 만들어 귀마루(내림마루)가 용마루에서 만나도록 한 것인데 일(一)자형 예배공간을 넓게 쓰기 위한 방편이었던 것 같다. 영천 지역은 6·25전쟁 중 격전지로 유명한 곳. 모든 집들이 포화를 맞아 폐허가 되다시피 했는데 교인들이 평평한 교회 지붕에 올라 흰 횟가루로 십자가를 그리고 'CHURCH(교회)'라 표시해 폭격을 피했다고 한다. 당시 영천 화북면 지역에선 이 자천교회와 교회 바로 옆 한옥만 폭격을 받지 않은 채 지금까지 남아 있다.

예배당 건물과 골격은 옛 모습 그대로지만 초기 교회에 있었던 성물은 신자석 뒤쪽 방 한 귀퉁이에 보존해 놓은 작은 강대상이 전부.

1930년대 영천군의 '세 번째 부자'로 통했던 자천우체국장 김영대의 어머니가 헌금한 당시 돈 70원으로 일본에서 '야마하' 대형 풍금을 들여와 찬송 반주에 썼다지만 언제 어떻게 없어졌는지 알 수 없다. 당시 교인들은 이 풍금에 맞춰 '삼천리반도 금수강산'과 '만왕의 왕'이란 찬송을 즐겨 불렀다고 한다. 그 때만 하더라도 찬송가가 보급되지 않아 한지에 찬송을 붓글씨로 크게 써 흑판에 걸어놓고 불렀다. 마을에 찬송이 울려 퍼지자 '독립운동가들이 부르는 불온한 노래'로 여긴 일본 경찰이 금지곡으로 막아 이후 해방 때까지 불리지 못했다고 한다. 이 소식을 들은 서울의 한 신자가 헌금을 해 종과 종각을 지어놓았지만 일제의 공출로 모두 철거되었다.

▲자천교회 천장.

▲초기 교회의 유일한 성물인 강대상.

노귀재에 우연히 뿌려진 한 알의 '복음 씨앗'이 어려움 속에서 신앙의 꽃을 활짝 피워냈던 자천교회. 일제강점기와 6·25전쟁의 광풍에 휩싸여 교적부며 회의록 등 초기 교회의 모든 자료들이 흔적도 없이 사라졌지만 교회사에선 선 굵은 복음의 요람지로 우뚝 서 있다. 그렇게 이어진 신앙내력 때문일까. 1930년대 교회에 풍금을 들여놓게 한 천석꾼 김영대의 아들(2007년 작고)이 2006년 교회 앞 한옥 4개동과 대지를 교회에 증여하는 역사가 생겼다. 6·25전쟁 중 교회 앞에 있어 폭격을 피할 수 있었던 바로 그 한옥이다. 교회 측으로선 여간 반갑고 은혜로운 일이 아닐 수 없다. 교회 옆 텃밭을 더 매입해 예배당을 중심으로 한 문화재 관람과 수련장, 한옥체험의 장을 묶는 성역화 사업을 차분하게 진행하고 있다.

■신점균 자천교회 담임목사

"성장과 발전도 필요하지만 초심을 살린 신앙 열정을 키워나가는 것이 더 중요합니다."

지난 2001년 자천교회에 부임해 6년째 신자들의 예배와 신앙을 묵묵히 이끌고 있는 신점균 목사. 교인 30명의 작은 교회지만, 초기의 변함없는 모습과 믿음을 간직한 신앙 요람을 지키는 것에 매우 만족한다고 힘주어 말한다.

"지은 지 100년을 넘긴 교회가 400여 개 있지만 옛 모습을 온전하게 지키고 있는 교회는 열 손가락을 꼽을 정도입니다. 이 교회들은 대부분 교세가 보잘것없이 쇠락했지요. 하지만 이 교회들이야말로 초기 교회의 신앙을 되살릴 수 있는 중추입니다."

"1907년 한국사회와 교회에 큰 변혁을 몰고 왔던 평양대부흥운동의 큰 뜻은 회개"라고 거듭 강조하는 신 목사. 그는 대형화, 물량화로 치닫는 교회들은 선교에 앞서 개인적인 회개를 생각해야 하며 그 첨병 역할을 '때 묻지 않은 초기 교회'들이 맡아야 한다고 주장한다.

"교인들이 적어 교회 운영에 어려움을 겪고 소외감을 느끼지만 반면에 자부심이 큽니다. 자천교회 같은 초기의 작은 교회들이 순수한 신앙을 토대로 교류한다면 기독교 문화와 영성 차원에서 큰 도움이 될 수 있을 것입니다."

06 국내 유일의 정사각형 교회
봉화 척곡교회

▲한국의 초기 교회들과는 달리 일반 신자가 세운 유일한 정방형 예배당인 봉화 척곡교회. 창립 100년을 맞았지만 원래의 모습을 온전하게 보존하고 있어 초기 교인들의 생활과 신앙을 들여다볼 수 있는 흔치않은 신앙터다.

이 땅의 초기 교회는 대부분 외국 선교사들에 의해 지어졌다는 공통점을 갖는다. 100년 안팎의 역사를 자랑하는 초기 교회들이 몇몇 남아있지만 그나마도 일제 강점기와 6·25전쟁을 거치면서 훼손되어 원 형태를 온전히 갖춘 것이 드물다. 경북 봉화군 법전면 청량산 자락의 산골마을 척곡리에 서 있는 척곡교회(등록문화재 제257호)는 그래서 도드라진다. 선교사가 아닌 일반신도가 세운 뒤 100년의 풍상을 견뎌내며 옛 모습을 지켜온 흔치 않은 자생 신앙터. 초기 예배당이 대부분 기역(ㄱ)자나 일(一)자 형태로 지어졌던 것과는 달리 이례적으로 정사각형을 띠고 있고, 예배당과 함께 세워진 교육시설인 서당(명동서숙)이 그대로 남아있는 유일한 교회다.

봉화군 법전면 내에서 좁은 산길을 타고 10여 분쯤 차를 달리면 오른쪽 산 아래에 십자가를 인 허름한 집이 눈에 들어온다. 함석지붕 한쪽에 아담하게 올린 십자가와 예배당 앞쪽 허술한 철제 종탑에 매달린 종이 아니라면 교회로 여겨지지 않을 만큼 낯설다.

마을이래야 고작 5채 남짓한 집들이 드문드문 들어서 있고 휴대전화 통화도 제대로 되지 않는 산골. 좁은 산길에 노선버스 같은 대중교통은 기대하기도 어려운 만큼 면내까지 가려면 일일이 발품을 팔아야 한다.

이 깊은 산마을에 어떻게 이런 '하나님의 집'이 들어설 수 있었을까. 선교사들이 지었다면 대부분의 초기 교회들처럼 응당 인총 많은 요지나 높은 구릉의 터를 택했을 터. 그런데 하필 이 첩첩산중의 오지에 교회가 세워진 데는 깊은 사연이 있다.

사연의 주인공은 대한제국 탁지부(지금의 재경부) 관리(당시의 주사)를 지낸 김종숙(1956년 소천) 장로. 당시로선 일종의 외교관 양성소인 외

국어학원 일본어 과정을 마치고 참의 승진이 예정되어 있던 김종숙 장로는 서울 새문안교회에서 언더우드 선교사의 설교에 감흥을 받아 인생의 항로를 바꿨다고 한다.

"일제의 사슬을 끊고 나라가 독립하기 위해선 야소교를 믿어야 한다"는 신념을 갖고 있던 터에 1905년 을사늑약이 체결되자 모든 것을 내던지고 처가가 있던 봉화 유목동으로 낙향했던 것이다. 당시만 해도 전국 어디서건 기독교 총회는커녕 노회도 조직되기 전. 12km 길을 걸어 문촌교회

▲척곡교회 예배당의 내부 모습. 원래의 모습 그대로인 강단과 아치형 나무 장식이 특이하다.

를 다니다가 몇몇 신도들과 기도실을 만들어 신앙생활을 하던 중 1907년 5월 17일 마침내 척곡교회를 세웠다.

지금의 자리에 예배당이 세워진 것은 그로부터 2년 뒤인 1909년 3월 29일. 9칸짜리 정방형 기와집 예배당과 6칸짜리 초가 명동서숙이

었다.

예배당은 원래 맨 마룻바닥에 기와지붕이었지만 나중에 긴 의자들을 놓았고, 함석지붕으로 교체했다. 출입문은 지금은 남쪽으로 나 있지만 처음엔 동서쪽에 각각 문을 따로 내 남녀의 출입을 구분했다. 남녀석 가운데엔 광목을 쳐서 목사들만 남녀 신자들을 모두 볼 수 있었다고 한다. 예배당 안에 들어서면 북쪽 중심 공간인 아치형 강단 장식과 강대를 중심으로 펼쳐지는 정방형의 공간이 퍽이나 이채롭다. 궁벽한 산골에서 신자들이 헌금을 내기 어려웠을 것은 뻔한 일. 신자들이 집에서 가져온 쌀을 십시일반으로 교회 살림에 보탰는데 지금도 예배당 양쪽 벽엔 성미(誠米·기도미) 자루가 걸렸던 못들이 그대로 남아 있다.

▲한국 교회사에서도 귀중한 사료로 평가받는 척곡교회 초기 당회록과 교적부.

예배당 앞의 명동서숙은 신자들을 교육하던 학교다. 성경과 국어, 산수, 한문을 가르쳤는데 당시 이 지역의 웬만한 주민들은 모두 이곳에서 공부를 했다고 한다. 1칸은 여학생 기숙사, 나머지 5칸은 교실로 사용되었는데 당시 그 깊은 산골에서 기숙사까지 갖춘 것이 놀랍기만 하다. 명동서숙과 예배당 사이엔 자연석 돌담이 둘러쳐졌는데 지금도 낮은 담장 부분이 남아 옛 모습을 짐작케 한다.

헌신적으로 목회에 나섰던 김종숙 장로의 이름이 알려지면서

▲예배당과 서당 명동서숙의 경계로 둘러쳤던 자연석 담장.

1918년 무렵엔 한꺼번에 120명이나 모여 예배를 보았으며, 김종숙 장로는 봉화지역 6개 교회의 시무를 맡을 정도로 척곡교회는 번성했다고 한다. 하지만 야소교 믿음의 뿌리가 나라 독립에 있었던 때문일까. 신사참배를 거부하고 독립운동 자금 모금에 앞장섰던 김종숙 장로가 독립운동가들을 숨겨주면서 일본 경찰들의 탄압을 받았고, 명동서숙이 폐교된 뒤 결국 신자들도 흩어지게 되었다.

해방 후 몇몇 목회자의 인도로 부분적인 건물증축과 보수작업이 있었지만 워낙 산골인데다 신자들도 모두 도심으로 이전해 옛 신앙터의 명성은 되찾지 못했다.

척곡교회가 세워진 지 올해로 100년. 70~80대의 촌로 10여 명만이 주일예배에 참석하는, 스러진 교회가 되었지만 경북 지역에선 또렷하게 남아 있는 '믿음의 고향'이다. 김종숙 장로의 장손인 김영성

▲예배당 앞에 서있는 명동서숙. 신자들과 지역 주민 교육시설인 서당으로 사용돼다 일제의 탄압으로 폐쇄됐다.

장로 부부가 교회를 버티고 있는 주인공이다.

"척곡교회를 잊지 말라"는 부친의 유언을 받들어 교장 선생님으로 정년퇴직 후 지난 2004년 낙향해 여전도사 1명과 함께 교회를 지키고 있다.

■ '교장서 교회지킴이로' 김영성 장로

할아버지 김종숙 장로로부터 시작된 기독교 집안의 모태신앙을 받은 김영성 장로는 신앙보다는 교육에 한평생을 바친 교육자다. 어릴 적 명동서숙에서 공부하면서 할아버지의 신앙과 독립운동을 지켜봤지만 목회보다는 교육을 택했던 그였다. 그런 그가 인천 모 여고 교장을 끝으로 평생 몸담았던 교직을 정년퇴직한 뒤 부인 안난희 권사와 이곳에 내려왔다. 같은 교육자의 길을 걸었던 아버지의 유언 때문이었다. 이민을 가 외국에서 살고 있는 자손들이 "함께 살자"고 거듭 권유했지만 "척곡교회를 잊지 말라"는 유언이 귀에 맴돌아 결국 교회 지킴이가 된 것이다.

1980년대 후반부터 가끔씩 내려와 쓰러져가는 예배당이며 명동서숙을 보수하면서 교회 85주년 행사도 치르곤 했지만 지난 2004년 낙향한 뒤부터는 아예 예배당 옆 고택에 살면서 새벽예배며 수요예배, 금요기도회를 인도하고 있다. 주일예배 찬송 때에는 직접 피아노 반주를 하고 예배가 끝난 뒤엔 인근 법전교회로 달려가 피아노 반주와 가스펠을 하며 신자들과 어울린다.

예배당에 남아 있던 초기의 당회록이며 교적부, 면려회록 같은 문서들을 정리하면서 척곡교회의 역사를 새로 쓰기도 했다. 한국 교회사엔 척곡교회 창립일이 1908년으로 기록되어 있지만 1907년 당시 척곡교회 교적부에 신도 두 사람이 학습교인으로 기록된 점을 발견해 교단 총회에 알린 것이다.

그런 노력으로 척곡교회는 총회사적 교회와 영주노회 사적 제1호로 등록됐고, 지난 2006년엔 등록문화재 리스트에도 올랐다.

"지금이라도 내가 떠나면 교회가 금세 허물어질 것 같아 떠나지 못한다"는 김 장로. 그의 마지막 바람은 교회 개척자이자 독립운동가였던 할아버지와 신앙 선열들의 역사를 담은 기념관을 세우는 것이다. 특히 일제의 서슬이 시퍼렇던 시절 봉화경찰서장 앞에서도 주먹으로 책상을 치면서 소신을 굽히지 않아 구속됐다가 해방 후에야 풀려났던 독립운동가 할아버지의 국가유공이 인정되기를 간절히 바란다.

07 국내 유일 ㄱ자형 예배당
김제 금산교회

▲전국에서 유일하게 온전한 형태로 남아있는 'ㄱ자' 예배당인 전북 김제시 금산면 금산교회. 개신교가 이 땅에 들어온 초기 '남녀 7세 부동석'이란 전통을 살리면서 외래 종교의 토착화를 구현하기 위한 선교사들의 고민과 신앙에 얽힌 미담이 함께 스며있는 대표적인 순례성지이다.

▲금산교회 ㄱ자 예배당 내부 모습. 남북향 강당 끝 모서리에 설치한 강단을 중심으로 남자석과 여자석을 구분한 것이 독특하다. 천장을 받치는 기둥이 없는 통간 건물이지만 아주 안정되어 보인다.

전북 전주와 김제를 잇는 노령산맥 중봉(中峰) 모악산 국립공원의 금산사 입구 마을에 있는 금산교회(전북 김제시 금산면 금산리 290-1). 금산사 반대 방향 왼쪽 작은 샛길로 들어서 300m쯤 지점 오른쪽에 한옥 ㄱ자와 현대식 건물이 나란히 서 있다. 한국 기독교계에서 '작고도 큰 교회'로 통하며 전국에서 유일하게 이 땅 초기 기독교의 ㄱ자 공간을 그대로 간직하고 있는 개신교 순례성지다. 호남 지역 기독교 건물론 처음으로 문화재에 등록된 건물. '남녀 7세 부동석'의 유교식 전통을 살려내면서 외래 종교의 토착화를 이루기 위한 선교사들의 고민과 아름다운 신앙미덕이 함께 서린 흔치 않은 유산이다.

잘 알려졌듯 모악산 일대는 예로부터 내세지향의 미륵신앙이 결집된 곳. 600년(백제 법왕 2년) 미륵불교의 총본산이랄 수 있는 금산사가 들어섰고, 구한 말 '후천 개벽'을 내건 강일순이 증산교를 시작해 지금도 40여 개의 증산교 분파가 자리 잡고 있는, 일종의 신흥종교 단지다. 한때 100개가 넘는 다양한 교단이 몰려들었고, 지금도 이 지역 인구의 70% 이상이 불교나 증산교를 비롯한 민족종교와 신흥종교를 신봉하고 있는 것으로 알려져 있다. 금산리는 모악산 아래 새터, 용화, 팟정이(두정리) 등 세 개의 작은 마을로 구성됐는데, 그 첫 동네가 팟정이인 만큼 팟정이는 바로 금산리의 다른 이름으로도 통했다.

▲예배당 안 강단으로 목사들만 드나들 수 있도록 별도로 낸 쪽문.

이 팟정이 마을에 금산교회가 들어선 것은 미국 남장로회 개척 선교단원으로 내한한 선교사 테이트(L. B. Tate · 한국명 최의덕) 목사에 의해서다. 최의덕 목사는 한국에서 선교활동을 펴다 안식년을 맞아 미국에 귀국한 아펜젤러 목사의 강연에 감화를 받아 한국으로 건너온 인물.

호남 지역 선교 책임을 맡아 전주며 정읍을 말로 오가던 중 1905년 팟정이에서 마방을 운영하던 이 지역 부호 조덕삼(1870~1910)을 만나

전교해 결국 교회를 세우게 된 것이다. 조덕삼은 유교 집안에서 자라났으면서도 진보적인 성향을 갖고 있던 인물이었던 것 같다. 최의덕 목사에게 접근해 결국 하느님에 귀의했으며 선뜻 자신의 사랑채를 교회 건물로 제공했다. 바로 이곳에서 금산교회가 시작된 것이다. 3년 후인 1908년 4월 신도가 30여 명으로 늘자 마을 사람들과 함께 89.26㎡짜리 ㄱ자 기와집인 교회당을 짓게 되었다. 이 땅에 기독교가 전래된 초기에 이 같은 ㄱ자 예배당은 적잖이 세워졌지만 일제 강점기와 6·25전쟁을 거치면서 모두 사라졌고, 온전하게 남은 것은 금산교회가 유일하다.

교회의 전체적인 골격은 모악산 너머 배재(梨峴)에 있던 전주 이씨의 재실(齋室)을 옮겼다고 한다. 양반 집에서 조상 제사를 지내던 재실을 뜯어다 '하나님의 성전'을 지은 것이다. 그야말로 "그리스도의 재림 때 영원한 하늘의 장막에 들기 전까지 한시적으로 머물던 거룩한 공간으로 삼았던 것"(이덕주 목사)이 아닐까? 그래서인지 이 ㄱ자 예배당은 전형적인 중부지방 단층 고패집 형태를 띠고 있다.

다만 남북향 다섯 칸 집의 북쪽 모서리 동쪽에 두 칸을 이어 붙였다. 홑처마의 지붕은 처음엔 초가로 올렸으나 1920년대 함석지붕으로

▲ ㄱ자 예배당의 지붕 서까래와 외부 기둥. 단 한 군데도 못을 박지 않은 채 전체를 이음새 맞춤법으로 지었다.

▲ㄱ자로 꺾여진 예배당. 남·여 신도석, 예배를 인도하는 목사와 여자 신도석을 가리기 위해 휘장을 쳤으며, 이 휘장은 1940년대 들어서야 사라졌다.

바꿨다가 광복 후 지금의 시멘트 기와로 올렸다. 남쪽과 동쪽의 출입문은 여닫이 격자무늬 종이문. 통마루 바닥에 올라서면 천장이 그대로 드러나고 칸막이 없는 시원한 통간 건물에 가슴이 확 트인다. 조금씩 휜 소나무를 다듬어 대들보와 종보로 썼는데 천장을 받치는 큰 기둥 없이도 아주 안정되게 느껴진다.

● ㄱ자형 건물은 '남녀 7세 부동석' 유교 전통 반영

건물을 ㄱ자형으로 지은 것은 역시 '남녀 7세 부동석'이라는 당시의 유교 전통을 반영한 것. 그 때문인지 내부는 특이한 모양을 하고 있다. 남북 방향의 강당 끝 모서리에 강대상이 있고, 그 강대상에서 예배를 인도하는 목사만 남녀석을 번갈아 볼 수 있었다. 강단의 좌측

▲ㄱ자 예배당에 구분되어 마련된 남·여 신자석 천장에 각각 다르게 얹은 상량문. 남자석의 것은 한문, 여자석의 것은 한글 성경 구절이지만 모두 구원의 염원을 담고 있다.

에는 여신도들이, 정면에는 남자들이 앉도록 구분해 남자석과 여신도 좌석 사이에 흰 포장을 쳤던 것이다. 강단 오른쪽 바깥 귀퉁이에 지금도 서 있는 기둥은 바로 이 포장을 치기 위해 만든 것이다. 출입문도 남쪽과 동쪽에 각각 따로 내어 남녀 신자들의 출입을 구별했다.

주일대사를 지낸 조세형 장로는 이 교회를 세운 조덕삼의 친손자. 조세형 장로는 "어릴 적 부모님과 함께 교회에 갈 때마다 교회 입구에 이르면 어머니 손을 놓고 아버지와 함께 남자석에 들어가 앉던 기억이 남아 있다"고 회상했다. 포장(차단막)은 1940년대에 가서야 걷혔다고 한다. 남자석 천장의 상량문(한문 성경 고린도후서 5장 1~6절)과 여자석 천장의 상량문(순한글 고린도전서 3장 16~17절)도 각각 다르게 썼다. 당시 최의덕 목사를 비롯한 교회 건축자들이 '남녀 7세 부동석'의 습속을 외면했다면 금산교회는 핍박받아 지금까지 지속하지 못했을지도 모른다. 실제로 최의덕 목사가 이곳에 정착할 무렵 전주 등 인근 지역 유생들은 돌팔매를 하며 교회 건립을 방해했다고 한다.

● 목사 드나드는 쪽문, 예수탄생 성당과 닮아

강단 뒤쪽으로 목사들만 드나들 수 있는 작은 쪽문을 낸 것도 독특하다. 문을 통과하기 위해 몸을 숙여야 하는 구조인데 목회자들은 이 문을 드나들면서 '겸손'을 되뇌고 실천하지 않았을까? 베들레헴의 예수탄생 성당에서 문을 넘기 위해 제 아무리 높은 신분이라도 말을 내려 허리를 깊게 숙여야 통과할 수 있도록 한 것과 닮아있다. 북서쪽 모서리에 있는 16.53㎡ 규모의 강단은 2단 구조이지만 결과적으로 3층 구조. 한국 전통의 제단을 연상케 하지만 '뜰, 성소, 지성소'로 이루어지는 성막의 3중 구조를 상징하고 있는 셈이다.

6·25전쟁 기간엔 인민위원회 사무실로 쓰였으며, 얼마 전까지도 교회당 창틀에 '인민군 만세' '공화국 쟁취' 같은 연필 글씨들이 그대로 남아 있었다고 한다. 이 지역 좌익 활동의 분위기를 엿볼 수 있는 대목이다.

1988년 ㄱ자 예배당 바로 옆 2,608㎡ 부지에 벽돌 예배당을 새로 지어 현재 40명 정도가 주일 예배에 참석하고 있다. 1986년 첫 시무지로 금산교회를 택해 부임한 뒤 담임을 맡아온 이인수 목사는 "금산교회의 교회당은 일제가 교회당을 폐쇄했을 때도, 6·25전쟁통에 마을이 온통 불바다가 됐을 때도 전혀 훼손되지 않은 채 원형을 유지

했으며, 숱한 철거논란에도 여전히 그 자리를 지키고 있어 기적같이 여겨진다"고 말했다.

■ '작고도 큰 교회'에 얽힌 이야기

금산교회가 초기 'ㄱ자' 형태를 고스란히 간직한 귀중한 신앙유산을 넘어 '작고도 큰 교회'로 통하는 것은 이 교회를 세운 조덕삼과, 한국 개신교 사상 유례없이 장로회 총회장을 세 번(1924, 1947, 1948년)이나 역임한 이자익 목사에 얽힌 이야기 때문이다. 이자익 목사는 장로교 법과 회의록을 줄줄 외울 정도로 암기력이 뛰어나 장로교 '법통'으로 칭송받는 전설적인 인물. 그는 다름 아닌 조덕삼의 집에서 머슴으로 일하던 마부였다.

소학교도 변변히 다니지 못한 학력이지만 마부로 일하면서 틈틈이 독학했으며, 최의덕 목사를 통해 주인인 조덕삼과 비슷한 시기 나란히 예수님을 믿게 되었다. 이자익은 원래 1882년 경남 남해의 가난한 농가 출신. 9살에 아버지, 12살에 어머니를 여의고 친척집을 떠돌다가 17살에 행상에 나선 것으로 전해진다. 전주에서 행상에 실패한 뒤 김제 금산의 대지주인 조덕삼의 집에 들어가 머슴살이를 시작했던 것이다.

두 사람은 1905년 10월 나란히 세례를 받아 성찬예식을 가졌는데 이 의식은 금산교회가 공식으로 출발하는 시초로 인정되고 있다. 놀랄 만한 것은 머슴이었던 이자익이 주인인 조덕삼에 앞서 장로가 되었다는 사실. 금산교회는 1908년 교인이 100명 정도로 불어나자 교인들의 투표를 통해 장로를 선출하게 되었는데 조덕삼이 떨어지고 대신 머슴인 이자익이 선출되었던 것. 반상을 엄하게 따지던 당시로선 도저히 있을 수 없는 일이었다.

금산교회 당회록에 따르면 조덕삼은 이자익이 장로로 선출되자 신도들 앞에서 이렇게 말했다고 한다. "이 결정은 하나님이 내리신 결정입니다. 나는 이 결정에 순종하고 이자익 장로를 받들어서 열심히 교회를 섬기겠습니다." 집에선 주인과 마부였지만 교회에서는 장로와 평신도의 입장에 섰던 두 사람이었다. 이야기는 여기서 끝나지 않는다.

조덕삼은 선배 장로인 이자익 장로를 1910년부터 5년간 평양신학교에 유학시켜 금산교회의 담임을 맡겼다. 물론 그때까지 이자익 목사의 모든 뒷바라지를 했던 것은 조덕삼이었다. 1908년 사재를 털어 교회를 건축한 조덕삼은 유광학교를 설립, 지역 청소년 교육사업에 나서기도 했는데, 이 유광학교는 당시 한글을 비롯해 한국 역사며 성경을 배울 수 있는 유일한 곳이었다.

금산교회는 처음부터 상반(常班)이 함께 어울리는 민중교회로 출발했던 셈이다. 이후 금산교회는 조덕삼의 뒤를 이어 그의 아들 조영호 장로에 의해 지탱돼 왔으며, 조부와 선친의 뒤를 이어, 주일대사를 지낸 조세형 씨가 장로로 피택됨으로써 한 집안에서 드물게 세 명의 장로를 탄생시켰다.

08 호남 첫 자립교회
목포 양동교회

▲목포 구시가지 골목 언덕에 동그마니 서 있는 양동교회. 유달산의 돌을 옮겨다 세운 정방형 석조 교회로 새로 들인 종탑 부분을 빼놓곤 1910년 세워졌을 때의 모습 그대로다. 서양 선교사가 아닌 한국의 목회자와 신자들이 직접 올려 세운 호남 지역 최초의 자립교회답게 자부심이 크다.

멀리 유달산이 바라보이는 전남 목포의 구시가지인 양동 127 언덕 배기에 오똑하니 서있는 석조건물 양동교회(등록문화재 제114호). 1910년 신자들이 유달산의 돌을 옮겨다 세운 호남지역 최초의 자립교회다. 개항기 선교사들에 의해 기독교 전진기지로 부각된 목포에서도 가장 먼저 복음을 전한 호남의 중심적인 신앙유산. 지금은 목포 신시가지가 번성하면서 기독교 신앙의 중심도 자연스레 옮겨갔지만 100여 년간 원래 자리에서 옛 모습을 잃지 않은 채 복음을 전해온 양동교회의 신앙적 자부심은 여전하다.

개항기 대부분의 교회들이 그랬던 것처럼 목포에 기독교 신앙의 씨앗을 뿌린 것도 역시 선교사였다. '양동교회 100년사' 등 기록에

▲일제의 신사참배에 반대하다 1944년 대구교도소에서 순교한 양동교회 박연세 담임목사의 순교비.

▲1910년 양동교회 건축 당시의 예배당 현판. '조선예수교장로회목포 양동교회 례배당'이라 쓰여 있다.

▲예배당 내부. 지금은 긴 의자가 놓여 있으나 세워질 당시엔 정방형 예배당에 남녀석이 구분된 채 신자들이 맨바닥에서 예배를 드렸다.

따르면 1893년 미국 남장로회 선교부 소속 선교사 몇몇이 호남지역 선교기지를 낙점하기 위해 군산, 무안반도 등지를 오가며 전도활동을 한 것이 이 지역 개신교 전파의 시초다. 남장로회 선교부는 당시 들불처럼 번진 동학혁명의 기세에 잠시 활동을 멈췄지만 세상이 안정되면서 전남 나주를 선교기지로 만들기 위해 배유지·하위렴 목사를 파견했던 것으로 전해진다. 그러나 나주는 전통적으로 보수적인 세력이 강했던 곳. 당연히 주민들의 강한 반대에 부닥쳤고 선교사들이 나주 신앙터 건립을 위해 사들였던 부지를 팔아치우고 옮겨온 곳이 바로 목포다. 당시 목포에는 이미 바깥에서 들어온 신자들이 퍼져 살고 있었기 때문에 선교사들이 활동을 수월하게 할 수 있었던 것으로 보인다. 1897년 지금의 양동교회 자리인 만복동에 천막을 치고 예배를 드리기 시

작했는데 이것이 양동교회의 시작이다. 1년 만에 신자가 30여 명이나 생겨났으며, 1906년에는 당회를 구성하면서 신자가 200여 명으로 늘었다. 신앙

▲예배당 오른쪽 벽 출입문 태극문양 창틀에 새겨진 글씨. '주강생일천구백 십년'이란 글씨가 또렷하다.

의 씨앗을 뿌린 배유지 선교사는 1905년 광주로 떠나 양동교회의 건립은 보지 못했다.

  지금의 양동교회 건물을 세운 것은 1909년 당회장으로 청빙된 조선예수교장로회 평양신학교 졸업생 윤명식 목사. 조선인 목사가 담임 목사를 맡은 것은 당시 한국 전체에서 네 번째, 호남지방에선 처음이었다. 윤명식 목사는 당시 돈 7,000원을 들여 그 이듬해 마침내 1,500명을 수용할 수 있는 350㎡ 규모의 교회를 세워놓았다. 신앙의 씨앗은 미국인 선교사가 뿌렸지만 교회는 한국인 목사와 신자들이 직접 올려 세운 호남지역 최초의 자립교회인 것이다. 교회 본당 건물의 주춧돌과 외벽 석재들은 모두 교인들이 유달산에서 직접 날라다

▲예배당의 오른쪽 출입문 위쪽을 장식하는 아치형 석벽에 새겨진 십자가의 문양이 또렷하다.

썼다고 한다.

교회에 들어서면 정면 오른쪽에 '이곳은 목포에 복음의 씨가 뿌려진 맨 처음 터'라 새겨진 기념비가 세워져 있다. 1986년 처음으로 목포지역 교회가 모두 모인 가운데 드린 부활절 연합예배 후 선교 100주년 기념으로 세운 선교기념비다. 함석지붕을 인 교회 본당은 원래 사방의 크기가 똑같은 정방형으로 세워졌으나 1982년 교회 정문 앞에 있던 종각을 헐고 본당 정면에 종탑을 들이는 바람에 앞쪽 공간이 조금 늘어나 413㎡의 규모가 되었다. 종탑 머릿돌엔 '내 집은 만민의 기도하는 집이라'는 성경(이사야 56장) 구절이 새겨져 있다. 본당 출입문도 원래는 양측에 두 개, 정면에 두 개가 있었는데 종탑을 세우면서 지금은 세 개만 남아 있다. 네 개의 문을 만든 것은 남녀 신자들이 각각 다른 문을 통해 드나들 수 있도록 배려한 것. 이 출입문의 위쪽 부분이 모두 태극 문양으로 만들어진 것이 특이하다. 등나무 넝쿨이 태극 문양을 가리는 바람에 일제 경찰들의 눈을 피할 수 있었고, 지금까지 그 형태를 유지할 수 있었다고 신자들은 귀띔한다. 당시 교회를 세운 목사와 신자들의 의식을 엿볼 수 있는 대목이다.

지금 예배에 꾸준히 참석하는 신자는 300명 정도. 양동에서 대를 이어 사는 고령층 교인들이 많지만 신앙처를 바꾸지 않은 채 오래도록 적을 두고 있는 인근 지역의 신자도 상당수에 이른다. 신자 수와 교세를 감안할 때 목포 지역 350개 교회 가운데 차지하는 위상은 20위 정도에 해당한다고 한다. 양동교회 정기대 목사는 "초기와 달리 양동교회의 역할이 분산됐지만 목포 주민들과 교인들 사이에선 한국인 목사를 담임으로 모신 호남 최초의 자립교회이자 신앙 중심으로서의 교회에 대한 자부심이 이어진다"고 말했다.

■목포의 3·1운동… 그 중심에 선 교인들

1919년 3월 독립만세운동이 전국으로 퍼져 나갈 때 목포에서도 3월 20일과 4월 8·9일 모두 세 차례에 걸쳐 만세시위가 일어났다. 이 가운데 4월 8일의 이른바 '4·8 만세운동'은 목포의 3·1운동으로 불리며, 이 만세운동의 중심에는 양동교회가 있었다.

당시 청년·시민들의 시위 움직임에 호흡을 맞춰 3월 1일 이전부터 별도의 만세시위운동을 준비해온 기독교인들은 바로 양동교회의 주요 신자들. 장로였던 곽우영을 비롯해 집사 서기견·서화일, 정명여학교(양동교회가 세운 미션스쿨) 한문교사였던 강석봉이 그들이다.

당시 매일신보 등 기사에 따르면 정명여학교 학생들을 동원한 기독교인들은 이날 새벽부터 태극기와 독립선언문을 집집마다 돌린 뒤 '대한독립만세'라고 쓴 플래카드를 앞세워 시가지에서 일제히 시위를 시작했다. 시가가 순식간에 사람들로 뒤덮였고, 시위에서 체포된 80여 명이 경찰서에 끌려가 심한 구타와 고문을 겪었다. 특히 양동교회 집사 서기견은 시위 현장에서 일본 경찰의 칼에 맞은 상처와 혹독한 고문 탓에 출감 직후 사망했다. 검거된 시위자 중 40명이 보안법·출판법 위반으로 1~3년의 징역을 언도받은 것으로 알려져 있다.

"8일 오후 1시 15분쯤에 목포 창평정 근처에서 별안간 4명의 야소교학교 여생도가 몰려나오며 손에 한국기를 들고 만세를 부르는 것을 경관이 잡아 본서로 인치하였는데…."(4월 11일자 매일신보)/ "8일 밤에 야소교 경영의 여학교 졸업생 약 40명이 운동을 개시하였으나 관헌이 출장하여 제지하고 주모자를 잡았다더라."(4월 12일자)/ "목포는 지난 8일 이래로 불온한 형세가 되어 각 상점은 오전 중에 철시하고 그 이튿날 9일에도 오전 중 폐점하였는데, 양일간에 관헌의 활동으로 선동자 20여 명을 포박하고 일변 군대가 오는 등…."(4월 14일자)

특히 20일자 기사는 "금월 8일 이래로 소요사건에 관계된 남궁혁·김영주·곽우영·서화일·배치문 외 32명은 경찰서 취조를 마치고 17일에 검사국으로 넘어왔는데, 당일은 조선인 군중이 약 1,000명이나 재판소에 모여서 인산인해를 이루었으며, 검사국 취조를 마치고 감옥으로 넘어갈 때에는 울음소리가 자자하며 일시 목불인견의 비극을 이루었더라…."라고 기록해 당시 시위사건과 관련한 목포의 분위기를 짐작할 수 있게 한다. 만세운동의 중심에 있었던 양동교회에 가해진 일제의 탄압과 그로 인한 교인·가족들의 희생과 고난도 당연히 비례했다.

천주교

현대건축으로 부활한 강릉 초당성당

딱 하나 뿐인 천주교 한옥성당 익산 나바위성당

한국 천주교 순교 1번지 전동성당

한국 최초의 천주교 신앙촌 횡성 풍수원성당

신도들이 자력으로 일군 신앙 못자리 춘천 죽림동성당

폐허의 신앙 유적지 구 천주교 포천성당

105년 전 세운 고딕식 대구 계산성당

국내 최초 서양식 약현성당

한국 천주교의 얼굴 명동성당

절두산 천주교 순교 성지

한국 천주교 발상지 천진암

01 현대건축으로 부활한
강릉 초당성당

▲ '오병이어 기적'을 현대 건물로 형상화한 외관이 미술전시관이나 공연장 같은 분위기를 자아낸다. 전통 교회 양식과는 아주 동떨어진 성당이지만 요소요소에는 종교적 의미가 살뜰하게 담겼다.

경포대 건너편, 동해바다와 경계를 이룬 초당마을에 오똑하니 자리 잡은 초당성당(강원도 강릉시 초당동 137)은 언뜻 보기엔 성당이 아니다. 오히려 미술전시관이나 공연장에 가깝다. 그 흔한 고딕이나 로마네스크 양식 등 전통 교회 건축의 모습이란 도통 찾아볼 수가 없다. 그러나 잘 지어진 문화공간 인상의 성당엔 유명한 '오병이어'의 기적이 오롯이 담겼다. 물고기 모양의 성당 전체 외관도 그렇거니와 각 건물이며 공간 하나하나에 숨은 신앙적 의미를 찾아나가는 재미도 쏠쏠하다. 성직자와 건축가의 의기투합이 빚어낸 파격적인 신앙터. 현대적인 공간이 창출하는 묘한 분위기에 더해 성직자와 신자들의 도타운 교감도 남다른 독특한 성당이다.

▲성당 앞 원형 마당. 예수 부활을 증거한 12사도를 상징하는 흰색의 둥근 기둥이 둘러서 있어 신성한 분위기를 연출한다.

●사제 집무실 등 5개 부속건물은 '다섯 조각 빵' 상징

초당성당은 지금의 아름다운 모양과 달리 원래 빈한한 교회로 시작했다. 1996년 옥천동성당에서 분리되어 본당으로 설정됐지만 당

▲성당 제대 뒷쪽에 설치된 십자가. 교회나 성당에서 흔한 고상(苦像) 대신 부활해 승천하는 앳된 소년 얼굴의 예수가 흥미롭다.

시만 해도 자체 건물 없이 지금의 성당에서 2.5km 떨어진 중앙 신용협동조합 3층 예식장 공간을 빌려 썼다. 사제관도 초당초등학교 주택을 전세 내어 사용했다고 한다. 그 이듬해 춘천교구장에 착좌한 장익 주교가 교구의 상징 본당으로 세우겠다는 뜻으로 성당 기공식을 가졌으나 IMF 사태의 여파로 무려 5년만인 2002년 4월에 가서야 완공, 헌당식을 가질 수 있었다. 성당 건축에 든 비용은 37억 원. 강원도 내 각 본당들이 십시일반 갹출해 비용을 마련했고, 주임 신부와 수녀·수도자, 신자들이 전국 각지를 돌며 오징어 등 건어물을 팔아 건축비를 보탰다. 하지만 지금 초당성당의 위상은 재정·신자 수 등 교세로 볼 때 춘천교구 55개 본당 중 13위를 지키고 있다. 전체 신자 1,000명 가운데 주일 미사에 500여 명이 꼬박꼬박 참석한다고 하니 미사 참석률이 무려 50%나 되는 셈이다. 한국 천주교 전체의 미사 참석률이 33% 정도이고 보면 전국 최고 수준이다.

장익 주교와 손바닥을 맞춘 주인공은 건축문화 대표인 설계자 김영섭(시몬)씨. 땅과 대지를 중시하는 조형관을 갖고 있는 건축가로 성당의 뜻, 쓸모, 아름다움 등 삼박자를 강조한 장익 주교의 주문에 응한 것이 바로 '오병이어 기적'의 구현이다. 우선 원형을 띤 성당 본당과 그 앞마당은 '두 마리 물고기'이며, 여기에 달린 사무실과 사제 집무실, 회합실, 유아실 등 5개의 부속 건물이 '다섯 조각 빵'으로 상징된다. 표고 차가 7m나 될 만큼 경사지인데다 물고기 형상으로 길쭉했던 땅은 원래 성당부지론 적합하지 않았으나 결국 특유의 감각으로 일궈낸 역작인 셈이다.

성당 외관은 '한 방울의 보혈(Precious blood)이 세상을 구원한다'는 상징을 가진

▲성당 출입문에서 본당까지 연결된 순례길. 신자들은 이 통로를 걸어야만 성당 내부로 들어갈 수 있다.

물방울 모양 평면을 따라 둥글게 에워싼 원형. 성당 앞쪽엔 12사도를 상징하는 흰 기둥 12개가 도열한 원형 마당이 있다. 원형 마당을 둘러싼 열주 숫자 12에는 예수 부활의 증인인 12사도를 본받아 복음을 전파한다는 공동체의 염원이 담겼다. 성당 안으로 들어가려는 신자들은 성당 외벽과 내부 공간 사이의 양쪽 경사진 통로를 따라 걸어 올라가야 한

▲ '오병이어 기적'의 떡을 상징하는 둥근 천장.

다. 이른바 순례길이다. 마치 사찰에 들어갈 때 일주문과 사천왕문을 차례로 지나야 대웅전에 다다르게 되는 것과 같다고나 할까. 예수의 죽음을 상징하는, 어두운 순례길을 따라 잠시 걷다 보면 마침내 부활을 상징하는 밝은 공간에 멈추게 된다.

성당 외관도 그렇지만 흰색의 원형 벽면으로 둘러진 내부 공간은 놀랄 만큼 파격적이다. 군더더기 하나 찾아볼 수 없을 만큼 단순하고 깨끗하다. 성당에서 흔한 스테인드글라스를 전혀 쓰지 않았지만 제단 뒤 천장에서 벽면을 타고 흘러내리도록 연출한 자연광이 분위기를 고요하고 아늑하게 이끈다. 여기에 부활과 생명을 상징하는 흰색으로 마감된 바닥과 천장이 정결한 분위기를 한껏 더해준다.

▲타일을 잘게 깨어 붙여 미술작품처럼 구성한 성당 외벽.

성당 안쪽 내벽은 거친 콘크리트 면을 그대로 살려 가공의 맛을 전혀 느끼지 못할 만큼 자연스럽다. 거푸집을 떼어내고 벽 표면에 압력을 가해 골재 재질과 분포에 따라 요철을 만들었는데 마치 정으로 자연스럽게 다듬은 느낌이다. 이와는 달리 큼직큼직한 타일을 깨뜨려 이어 붙인 외벽은 한 개의 작품에 다름 아니다. 중심공간인 제대 뒤쪽에 세워진 십자가에선 가시관을 쓰고 십자가에 매달린 일반적인 예수 고상(苦像)을 찾아볼 수 없다. 대신 부활해 하늘로 오르는 앳된 소년의 얼굴을 한 예수가 있을 뿐이다. 신자들이 바라보면서 죽음 뒤의 부활을 가슴에 담도록 한 연출이다. 성당 옆 도로 건너편 솔밭 언덕에 세워진 목조 사제관과 수녀원은 원래 있던 소나무들을 전혀 훼손하지 않은 채 자연스럽게 어울리는 게 영락없이 전원주택의 모습이다. 원래 성당 부지 안에 있었지만 도시계획에 따라 성당과 분리되었는데 향후 성당 쪽으로 옮겨진다고 한다.

● 관광객 · 건축학도 즐겨 찾는 명물로

요즘은 '예쁜 현대식 성당'이 입소문을 타면서 전국의 신자와 일반인들의 발길이 쉼 없이 이어지고 있다. 관광객은 물론 건축학도들도 즐겨 찾는 명물이 되었다. 강릉에 여행왔던 예비 신랑신부가 우연히 성당에 들렀다가 이미 예약해놓은 혼배미사 장소를 이곳으로 바꾸는 일도 있었다고 한다. "외형에 걸맞은 아름다운 신앙공동체를 만드는 게 꿈이자 역할"이라는 정귀철 주임신부. 그는 신앙공간에 머물지 않는 대중사목에 열심이다. "성당 같지 않은 건물에서 어떻게 기도를 하냐."며 발길을 돌렸던 신자들을 일일이 찾아다니며 설득하는가 하면 항상 성당 앞에 천막을 쳐놓고 신자들과의 대화를 만들어가고 있다.

■ 오병이어란

신약성경 '마태복음' 14장 14~21절에 등장하는 예수 그리스도의 기적 이야기. 예수가 떡 5개와 물고기 2마리로 5,000명을 먹였다는 사건으로 '마가복음'(6:35~44), '누가복음'(9:12~17), '요한복음'(6:5~14) 등에도 나타난다.

"AD 29년 예수가 갈릴리호의 빈들에 있을 때 많은 무리가 찾아왔는데 이들 중 병든 자를 고쳐주었다. 저녁 때가 되어 먹을 것이 없어 고민할 때 한 어린아이가 내놓은 보리떡 다섯 개와 물고기 두 마리로 축사하였다. 그리고

▲성당 앞에 세워진 성요셉상. 아기 예수를 안고 있는 요셉의 미소 짓는 얼굴이 인상적이다.

떡을 떼어서 제자들에게 주어 큰 무리로 먹게 하였는데 5,000명(여자와 어린이는 뺀 숫자)이나 되는 많은 사람이 배불리 먹고 남았다."

이 기적은 예수가 '생명의 떡'이 되었으며 예수로 말미암아 모든 사람이 생명을 얻고 예수가 신적 능력을 가졌음을 의미한다. 기독교계에서는 예수가 그리스도이며, 인간에 대한 예수의 사랑을 증거하는 기적이자 장차 임할 천국 잔치를 예표(豫表)하는 기적으로 받아들이고 있다. 이외에도 복음서에는 물로 포도주를 만드는 등 35회에 이르는 예수의 기적이 기록되고 있다. 특히 '마태복음' 15장에는 떡 7개와 물고기 두 마리로 4,000명을 먹였다는, 오병이어와 비슷한 기적이 등장한다.

02 딱 하나뿐인 한옥 성당
익산 나바위성당

▲유일하게 남아있는 한옥 천주교성당인 익산 나바위성당. 한국 최초의 사제 김대건 신부가 상하이에서 사제서품을 받고 한국 땅을 처음 밟은 유서 깊은 성지로 한옥과 고딕 종탑이 묘하게 어울린다.

▲1906년 처음 지어졌을 때의 나바위성당 모습. 지금의 고딕식 뾰족 종탑이 보이지 않는 순 목조 한옥 건물이다.

젓갈 마을로 유명한 강경 읍내에서 23번 국도를 타고 익산 방향으로 2km쯤 차를 달리다 보면 '나바위성지'라 쓴 표지판이 눈에 들어온다. 표지판을 끼고 오른쪽으로 방향을 틀면 이내 아트막한 화산(華山) 중턱에 앉은 성당 하나가 시선을 사로잡는다. 한옥에 뾰족탑을 올려 세운 외양이 언뜻 보기에도 여느 성당과는 사뭇 다른 성당. 개화기에 세워져 100년이 흐른 지금까지도 옛 모습 그대로인 천주교의 유일한 한옥성당 나바위성당(전북 익산시 망성면 화산리 1158, 사적 제318호)이다.

외래종교의 토착화를 보여주는 희귀한 교회란 점에 더해 한국 최초의 사제인 김대건 신부가 중국에서 사제 서품을 받고 한국 땅에 첫 발을 내디딘 유서 깊은 곳. 한국 천주교사에서 빼놓을 수 없는 성지로 순례객들의 발길이 끊임없이 이어진다.

우암 송시열이 산세에 반해 '아름다운 산'이란 이름을 붙였다는 화산(華山). 나바위성당은 이 화산에 있는 광장처럼 너른 바위(나바위)에서 이름을 땄다고 한다. 본당 설립 때는 '화산본당'이라 불렸지만 성당이 건립되고 성지로 조성되면서 지금의 나바위로 바뀌었다. 멀찌감치서 보면 마치 화산을 우산처럼 받치고 선 모습. 거대한 팽나무 옆, 팔작 기와 지붕을 인 목조 한옥에 치켜세운 고딕 종탑의 본당과 바로 이웃한 사제관이 연출하는 조경이 잘 꾸며진 정원 못지않게 빼어나다. 성당 양쪽 벽 바깥에 회랑을 두른 것도 이 성당에서만 볼 수 있는 독특한 양식이다.

중국 상하이 김가항성당에서 사제 서품을 받은 김대건 신부는 돛배 라파엘 호에 몸을 싣고 서울로 향하던 중 풍랑을 만나 제주도 용수리 포구까지 밀려갔다고 한다. 우여곡절 끝에 서울로 올라오던 중 배에 물이 차오르는 위험한 상황에서 어쩔 수 없이 배를 댄 곳이 바로 강경 황산포구에서 조금 떨어진 화산이다. 당시 라파엘 호에는 조선교구 제3대 교구장 페레올 주교와 파리외방전교회 소속 다블뤼 신부, 그리고 김 신부 사제서품식에 참석했던 조선 신자 11명이 함께 타고 있었던 것으로 전해진다. 당시 제물포, 부산과 함께 3대 어시장으로 꼽혔던 황산포구는 매일 100여 척의 배가 드나들 만큼 번창했던 곳이라 포졸들이 항상 진을 치고 있었다. 포졸들의 눈을 피해 인근 화산에 상륙한 김 신부와 신자들은 페레올 주교와 다블뤼 신부에게 상복을

▲성당 외벽 양쪽 공간에 마련된 회랑. 내부가 아닌 외부에 회랑을 설치한 성당은 이곳이 유일하다.

▲성당 뒷쪽 화산(華山) 정상에 건립된 김대건 신부 순교기념비. 김 신부가 타고 왔던 돛배 라파엘 호의 크기에 맞춰 제작됐다.

입혀 상주로 변장시킨 후 신자 집에서 하룻밤을 보낸 뒤 상경했다(김대건 신부는 상경 11개월 후인 1846년 9월 새남터에서 참수되어 순교했다).

김대건 신부가 한국 땅을 밟은 것을 기념해 조선교구장 뮈텔 주교가 1897년 이곳에 설립한 것이 바로 '화산본당'. 호남권 본당으로선 전동·수류·고산성당에 이어 네 번째로 설립됐지만 옛 모습 그대로 유지하고 있는 성당 중 가장 오래된 것이다. 초대 주임으로 파견된 파리외방전교회 소속 베르모렐 신부가 당시 돈 4,000원을 주고 화산과 농경지를 사들여 1906년에 성당 건물을 세웠다. 설계는 서울의 약현성당(현 중림동성당)을 설계했던 프와넬 신부가 맡았고, 벽돌공과 목공일은 모두 중국인들이 했다. 화산에서 12km 떨어진 임천군 지저동 뒷산에서 베어낸 소나무들을 뗏목으로 날라 건축 목재로 썼는데, 터 다지기며 목재 운반 같은 힘겨운 일은 모두 조선 신자들의 몫이었다고 한다.

처음 지어졌을 때의 성당은 흙벽, 기와지붕에 나무로 만든 종탑과 마룻바닥의 순 한옥 목조건물. 종탑에는 프랑스에서 제작해 들여온 종이 설치됐는데 이 종은 나중에 성당 입구쪽 강당에 종탑을 새로 들여 옮겼다. 종소리의 울림에 건물 균형이 틀어지는데다 종탑에 벼락을 맞아 어쩔 수 없이 종을 옮겼다고 한다. 이후 1916년에 목조벽을 벽돌조로 교체하고 고딕식 벽돌 종각을 올려 지금의 한국식과 서양식 건축양식이 혼합된 독특한 형태를 갖추게 된 것이다. 성당 앞면의 수직종탑과 아치형 출입구는 흔히 볼 수 있는 것이지만 전통 목조 한옥 형태의 지붕과 벽면은 성당의 것으론 아주 생소하다. 기와지붕 아래에는 중국 인부들의 손길을 탄 팔각 채광창 68개가 사방으로 나 있고, 모든 처마 위엔 십자가가 세워져 있다.

▲제단 오른 쪽의 소제대. 가운데 감실에 김대건 신부의 유해(목뼈) 일부가 안치되어 있다.

성당 뒤편 야외 제대와 성모동산을 지나 '십자가의 길'을 따라 화산 정상에 서면 '김대건 신부 순교기념비'와 '망금정(望金亭)'이 눈에 들어온다. 순교기념비는 김 신부가 타고 왔던 라파엘 호의 규모와 같은, 높이 4m 50cm의 크기로 지어졌다. 순교기념비 왼쪽으로 금강 황산포가 한눈에 내려다보이는 '망금정'은 대구대교구 초대 교구장 드망즈 주교와 교구 사제 피정소로 사용되던 곳. 망금정 바로 아래까

▲성당 중앙 통로에 늘어선 8개의 목조 기둥. 남녀 신자석을 구분하기 위한 칸막이로 쓰였다.

◀성당 출입문 쪽 벽체에 걸려있는 목조 성수대.

▼성당 벽 윗부분에 사방으로 낸 중국식 창. 중국 인부들의 흔적이 보이는 부분이다.

지 금강 강물이 넘실거렸지만 일본인들이 둑을 쌓아 농토로 만들었고, 지금은 주민들이 수박, 토마토를 키우는 비닐하우스 단지로 변했다.

전라북도와 충청남도 서북지방의 공소 24개를 관할하며 1929년 무렵엔 신자수 3,200명에 전국 최대의 본당으로 우뚝 섰던 나바위성당. 전국에서 최초로 신사참배 거부 사태를 일으킨 '계명학교'를 운영한 바로 그 성당이며, 일제강점기와 6·25전쟁 중에도 미사가 끊이지 않고 이어졌던 유일한 성당이기도 하다. 지금은 신자 800명이 교적에 올라 있고, 망성면 지역 주민 180명 정도가 미사에 참여하는 작은 교회. 그러나 성당 입구에 그대로 남아 있는 이름 '화산성당'이 한때 '전국 최대의 본당'이었던 옛 위상을 웅변하고 있다.

■성당 안에 들어가면

유일한 '한옥 천주교성당'에 걸맞게 내부 구조와 제대 등 성물들은 모두 현대 건축양식의 성당에선 찾아볼 수 없는 독특한 것들이다. 우선 성당의 가장 성스럽고 중요한 공간인 제단과 제대. 제2차 바티칸 공의회 전례 개혁 이전의 모든 성당이 그랬듯이 사제가 신자석에 등을 돌린 채 벽을 보고 미사를 봉헌하던 옛 제대가 그대로 보존돼 있다. 초대 주임이었던 베르모렐 신부가 프랑스와 중국에서 부품을 몰래 들여와 직접 조립했다고 한다.

제대 위 예수 성심상과 촛대, 감실 등도 성당을 처음 지었을 때 들여왔던 그대로다. 중앙 제대 양 옆에는 소제대가 옛 모습대로 자리를 지키고 있는데 오른쪽 소제대 감실에는 김대건 신부의 유해 일부(목뼈)가 봉안되어 있어 신자들의 예배가 집중된다. 옛 제대 앞 신자석 쪽을 향해 새로 제대를 놓아 모두 4대의 제대를 갖추고 있는 셈이다.

 기록으로 보면 제단과 신자석 사이를 구분하는 성체간이 있었지만 언제 철거되어 어디에 보관되어 있는지 알 수 없다. 중앙 통로 한가운데에는 8개의 목조 기둥이 일정 간격으로 서 있는데 이 기둥들은 남녀 신자석을 구분하는 경계였다고 한다. 많은 초창기 교회와 성당에서 천 등으로 칸막이를 쳤지만 아예 기둥을 세워 남녀석을 구분한 것은 이례적이다. 출입문을 들어서자마자 눈에 띄는 초창기 그대로의 낡은 목조 성수대도 독특하다. 바닥은 맨 마룻바닥. 처음 지어졌을 당시에 깔았던 나무 그대로의 것인데, 오랜 세월 신자들이 드나들어 반질반질하다.

03 한국 천주교 순교 1번지
전동성당

▲한국 천주교 최초의 순교자인 윤지충·권상연이 참수된 전주 '풍남문 밖' 순교 터에 세워진 전동성당 전경. '한국 천주교 순교 1번지'이자 호남 지역 천주교 모태 본당으로 이 지역에 건립된 서양식 근대건축 중 가장 오래된 건물이기도 하다. 초기 한국 천주교의 아픔이 담긴 순교 성지이지만 로마네스크와 비잔틴 양식이 어우러진 본당의 아름다운 외양 때문에 영화 촬영지로 애용된다.

한국 천주교의 역사는 '박해의 역사'라고 해도 과언이 아니다. 전국 어디에서나 박해와 그로 인한 희생의 흔적을 쉽사리 찾아볼 수 있다. 전북 전주는 그 가운데서 참수·능지처참 등 극형으로 목숨을 잃은 초기 희생자가 유난히 많아 '순교의 땅'으로 통한다. 그 '순교의 땅' 전주에서도 전동성당(전주시 완산구 전동 1가, 사적 제288호)은 최초의 순교자를 낸 '순교 1번지'에 세워진 호남의 모태 본당이다. 호남 지방의 근대건축물 중 가장 오래되고 웅장한 데다 곡선미가 빼어나 '호남의 가장 아름다운 건물'로 회자되는 성당. 그러나 화려한 명칭과는 다르게 초기 한국 천주교의 절절한 사연이 담긴 신앙 증거임을 아는 이는 많지 않다.

전동성당은 전주 시내에서 전북도청을 관통하는 남문로의 남쪽 끝부분에 오똑 앉아 있다. 초기의 성당들이 대부분 구릉지에 세워진 흐름에서 비켜 평지에 세워진 몇 안 되는 성당이다. 맞은편에 조선 태조 이성계의 영정을 모셔놓은 경기전이 있고, 동쪽으로 100여m 떨어진 곳엔 고려 때 쌓은 전주성의 남문인 풍남문이 우뚝 서

▲성당 벽면에 설치된 성인 색유리창. 최초의 순교자인 윤지충이 십자가를 들고 서 있고, 그 아래 권상연이 목에 칼을 찬 채 십자가를 올려다보고 있다.

▲전동성당의 내부. 공중 회랑과 자연채광을 위해 많은 창을 낸 공간이 서울의 명동성당과 닮았다.

있다. 거듭된 천주교 박해로 수많은 신자들이 목숨을 잃은 '풍남문'. 최초의 순교자인 윤지충과 그의 외종사촌 권상연이 처형당한 곳도 이곳이다.

한국의 초기 천주교사에서 빼놓을 수 없는 사건이 바로 '분주폐제'(焚主廢祭, 제사를 폐하고 신주를 불태움)와 '대박청원'(大舶請願, 선교사를 데려오기 위해 서양 선박을 불러들임). 전라도 진산(지금의 충남 금산)에 살던 윤지충은 1791(신해)년 5월 모친상을 당한 뒤 외종형 권상연과 상의해 유교식 조상 제사를 폐지했는데 이는 당시 조정을 발칵 뒤집어 놓았다. 이른바 '진산사건'. 결국 두 사람은 진산에서 체포되어 전주로 압송되었고 '풍남문 밖'인 지금의 전동성당 자리에서 참수되어 9일간 풍남문에 내걸렸다. 이곳 신자들 사이에서는 "당시 혹한에도 선혈이 응고되지 않았다"는 기적 같은 이야기가 전해진다. 이렇게 해서 한국 천주교회의 첫 순교자가 탄생한 것이다.

'대박청원'은 호남의 부호이면서 천주교를 가장 활발하게 전교했던 '호남의 사도' 유항검이 중국에서 사제 영입운동을 전개한 사건. 유항검은 "중국인 주문모 신부를 조선 땅에 잠입시켰다"는 이유로 대역 무도죄와 사학 괴수로 몰려 1801년 역시 '풍남문 밖'에서 능지처참형을 당해 순교하였다.

전동성당은 윤지충·권상연이 순교한 지 100년이 지난 1891년 봄, 두 사람의 순교 터에 본당 터전을 마련해 전교를 시작한 호남의 모태 본당. 1908년 초대 주임인 프랑스의 보두네 신부가 성당 건축을 시작, 명동성당을 설계한 프와넬 신부의 설계로 1914년 완공됐다. 당시 일제 통감부는 전주에 신작로를 내기 위해 풍남문 성벽을 헐었는데 보두네 신부가 그 성벽의 돌들을 가져다 성당 주춧돌로 사용했다고 한다. 윤지충·권상연·유항검을 비롯한 순교자들의 목을 효수했던 현장의 돌을 주춧돌로 사용해 순교지와 '신앙의 요람'임을 증거하기 위해서였다. 지금도 성당 지하에는 당시 썼던 주춧돌이 성당을 탄탄하게 떠받치고 있다. 공사에는 중국인 벽돌공 100여 명이 동원돼 전주성을 헐은 흙으로 벽돌을 구웠고, 석재는 전북 익산 황등산의 화강석을 마차로 운반해 왔다. 목재는 지금의 치명자산에서 벌목해 사용했다고 한다. 전주 시내뿐만 아니라 인근 진안, 장수, 장성 등지의 신자들이 밥을 지어먹을 솥과 양식을 짊어지고 와 공사를 거들었다. 그렇게 해서 성당봉헌식이 열린 것은 1931년. 착공에서 성전봉헌까지 무려 23년이 걸린 것이다.

정면 중앙 종탑부와 양쪽 계단에 비잔틴 풍의 뾰족 돔을 올린 로마네스크 양식의 성당. 12개의 창이 달린 종탑부와 8각형 창을 낸 좌우

▲전동성당에서 동쪽으로 100m 떨어진 지점의 풍남문. 전주 지역의 많은 천주교 신자들이 처형당한 뒤 이곳에 효수되었다.

계단의 돔은 이 성당에서 가장 눈길을 끄는 대표적인 상징물이다. 초기의 적·회색 벽돌색이 그냥 남아 있는 성당 내외벽도 인상적이다. 내부 공간은 서울 명동성당에서처럼 공중 회랑에다 자연채광이 되도록 많은 창을 내었다. 그래서인지 명동성당은 '아버지 성당', 전동성당은 '어머니 성당'으로 불리기도 한다. 성당 양측 벽면 18개 창 가운데 신자석을 향한 12개의 색유리창에는 성인품에 오른 103위 한국 순교자 중 전주 숲정이와 서천교에서 희생된 7명의 성인과 본당 주보인 성 프란치스코 하비에르, 최초의 순교자인 윤지충·권상연, 유항검과 유관검, 그리고 동정부부 순교자인 유중철·이순이, 본당 초대주임 보두네 신부의 모습이 새겨져 있다. 이와 함께 제대 주위에는 예수의 탄생부터 수난·부활·승천·성령강림·성모승천을 보여주는 색유리가 묘한 조화를 이룬다. '가장 아름다운 교회'라는 명성에 걸맞게 신자들의 순례지는 물론 영화계와 결혼을 앞둔 커플들의 촬영지로도 인기가 높다. 강재규 감독의 영화 '태극기 휘날리며'의 일부분과 영화 '약속'의 주인공 박신양·전도연의 결혼식 장면도 이곳에서 촬영되었다.

1937년 전주교구 설립과 동시에 주교좌 성당으로 격이 오른 전동성당은 한국전쟁 때 북한군에 점령당해 전라북도 인민위원회와 차량정비소·보급창고로 사용되면서 제대와 성당 내부가 파괴되었다. 민주화의 열기가 뜨겁던 1980년대엔 전라북도 지역 '민주화의 성지'로 각광을 받았다. 그러던 중 1988년 10월 원인 모를 화재가 발생하여 동편 2층 회랑이 전소되는 수난을 겪기도 했다. 한국전쟁이 끝난 1955년 북한군에 의해 파괴된 십자가의 길 14처를 복구한 것을 시작으로 여러 차례 보수공사를

▲전동성당 지하의 거대한 주춧돌. 일부러 천주교 신자를 처형하던 풍남문 벽체 돌을 옮겨다 썼다.

▲성당 정문 오른쪽 꽃담에 서 있는 선돌. '한국 최초 순교터'라 새겨져 있다.

거쳐 지금에 이르고 있다. 원래의 마룻바닥은 1973년 인조석으로 교체되었고, 유리창은 1975년에 개수됐다. 1992년부터 대대적인 보수공사를 진행, 부식된 벽돌을 새 벽돌로 교체했고, 성당 양측 벽면 창문 18개도 유리화로 새단장했다. 원래 있던 담장도 헐어 시민들이 언제든지 자유롭게 찾을 수 있도록 개방하고 있다.

■ "얇은 얼음 위 걸어가는 듯… 유혹 이겨낼 수 있도록 기도"

전주는 숱한 순교자를 낸 '순교의 땅'으로 유명하지만 그 가운데서도 동정부부 유중철·이순이는 빼놓을 수 없는 '순교자의 꽃'으로 자주 회자된다. 이 동정부부는 세계 천주교사에서도 이례적인 것으로 외국에까지 알려져 있다고 한다.

유중철은 '호남의 사도'로 불리다 전주 남문 밖에서 처형된 유항검의 맏아들이고, 이순이는 조선 태종의 14대손으로 지봉 이수광의 8대손인 이윤하와 권일신의 여동생 사이에서 태어난 인물. 신앙심이 두터운 가계에서 자란 두 사람은 중국에서 들어온 주문모 신부에 의해 동정부부로 연을 맺었다. 호남지역 전교길에 나섰던 중국인 주문모 신부가 유항검의 집(완주군 이서면 남계리·일명 초남이)에 머물던 중 유항검의 장남 중철이 동정으로 살겠다는 뜻을 갖고 있음을 알고 혼사를 주선한 것이다. 서울에서 결혼식을 올리고 그 이듬해 초남이 유항검의 집에 내려온 두 사람은 4년간 동정 부부의 생활을 하다가 신유박해 때 처형되는 비운을 맞았다. 20세의 나이에 전주 감옥에서 교수형을 당한 이순이가 참수되기 직전 옥중에서 친정어머니와 언니에게 보낸 편지는 당시 동정부부의 삶이 얼마나 어려웠는지를 그대로 보여준다.

"우리 두 사람은 동정을 지키기로 맹세하고 4년을 오누이처럼 지냈습니다. 그런 중에 육체적인 유혹을 근 십여 차례 받아 하마터면 동정서약을 깰 뻔했어요."(어머니에게)

"육체적인 유혹이 심해서 마음이 두렵기가 얇은 얼음 위를 걸어가는 듯, 깊은 물가에 서 있는 듯 했어요. 주님을 우러러 유혹을 이겨낼 수 있도록 간절히 기도했지요. 주님의 도우심으로 간신히 그 유혹을 떨쳐 동정을 온전하게 지켜내었습니다."(언니에게)

두 사람이 4년간 동정부부로 살았던 유항검의 집은 유항검 일가가 참형으로 순교한 뒤 조정에 의해 헐려 연못으로 변했다. 조선시대 중죄인에게 가해지는 파가택(破家宅)이 된 것이다. 지금 그 터에는 작은 웅덩이 하나가 남아 있어 천주교계에서 성지로 가꾸고 있다. 유항검과 유중철·이순이 동정부부의 무덤은 전주 교동의 치명자산(중바위)에 있으며, 여기에는 국내 신자뿐만 아니라 외국인 순례객들의 발길이 끊이지 않는다.

04 한국 최초의 천주교 신앙촌
횡성 풍수원성당

▲한국인 신부가 지은 최초의 천주교회 풍수원성당. 120년 된 거대한 느티나무 아래 초기 모습 그대로 고풍스러운 자태를 간직하고 있다. 명동성당을 닮았지만 간결하고 소박한 내부와 성물들이 사뭇 다른 느낌을 준다.

강원도 횡성군 서원면 유현 2리 두메산골에 마치 한 폭의 그림처럼 고즈넉하게 들어앉은 풍수원성당(강원도 유형문화재 제69호). 고딕·로마네스크풍 건물이 명동성당을 축소해 옮겨 놓은 듯

▲맨 마룻바닥의 성당 내부. 12사도를 상징하는 좌우 각 6개의 기둥이 아치형 천장을 떠받치는 가운데 간결한 스테인드글라스를 통해 들이비치는 은은한 빛이 제대를 밝히고 있다.

빼닮았지만 의자 없는 맨 마룻바닥과 간결한 내부가 100년 전 건립 때의 모습 그대로다. 자연과 잘 어울리는 고즈넉한 외양 때문에 일반인들에겐 이런저런 드라마와 영화 촬영의 단골로 애용되는 아름다운 공간이면서 한국 천주교사의 한 획을 그을 만큼 중요한 종교적 위상을 지닌 곳. 신앙촌을 터전으로 한국인 신부가 지은 최초의 성당으로, 강원도와 경상도 등 한국 동부 지역의 천주교 성당과 교인을 총괄했던 '동부 전교의 중심지'였던 곳이다.

지금은 번듯한 국도가 성당 앞을 지나고 있지만 10년 전까지만 해도 좁은 비포장 길이 이 지역 유일한 통로였을 만큼 성당이 들어선 자리는 첩첩산중의 벽지다. 산중의 외딴곳이어선지 인근 경기도를 비롯한 외지에서 박해를 받은 천주교인들이 하나둘씩 모여들어 살았고, 그 소식을 전해들은 당시 조선교구장 뮈텔 주교도 자연스레 천

주교 전교의 주요 거점으로 삼았을 것으로 보인다.

1888년 강원도 최초의 본당으로 설립되어 르메르 신부가 초대 주임으로 파견됐지만 성당이 건립된 것은 2대 주임인 정규하(1863~1943년) 신부가 재직하던 1907년이었다. 정규하 신부는 김대건·최양업에 이어 1896년 서울 중림동성당에서 서품을 받은 한국의 세 번째 신부. 풍수원성당 역사에선 빼놓을 수 없는 인물로 지금까지 교인들 사이에 회자된다. 사제 서품을 받아 바로 풍수원 본당에 부임했으며, 선종 때까지 47년간 이곳을 지키며 신자들 사이에 신망이 두터웠던 것으로 전해진다. 정규하 신부 사목 기간 중 풍수원성당은 총 12개 군을 관할하는 중심성당으로 성장, 지금의 춘천·원주 교구의 모태가 되었다.

▲성당 안 제대 오른쪽 벽에 세워진 마리아상. 6·25전쟁 중 살아남은 미군 장교가 기증한 성물이다.

한국에선 7번째로 지어진 고딕·로마네스크 양식의 풍수원성당은 바로 정규하 신부의 뜻을 따른 신자들이 고생스럽게 품을 팔아 일군 성과였다.

건립기금은 강원도 지역 몇몇 지주와 신자들이 십시일반으로 모은 6,000원. 중국인 벽돌공들이 벽체를 쌓았지만 산에 올라 나무를 베어 오고 성당 인근의 가마에서 직접 벽돌을 구워 나른 것은 모두 한국인 신자들이었다. 성당 건립 소식을

▲성당에서 묵주동산으로 오르는 경사 길에 만들어진 십자가의 길.

들은 양양, 강릉의 신자들은 보름씩이나 걸려 태백산맥을 넘어와 일손을 보탰다고 한다. 본당 건물 자체는 396㎡ 규모로 아담하다. 정문과 함께 양측 벽에 각각 1개씩 출입문을 내었는데 지금도 신자들은 이 문을 사용하고 있다. 건물 외양처럼 내부도 명동성당을 아주 닮아있긴 하지만 제대며 성물 등 구조물은 간결하고 소박하다. 제대를 중심으로 6개씩 좌우로 늘어선 기둥은 예수 부활을 증거하는 12사도의 상징. 처음엔 나무로 세웠으나 나중에 석조로 교체되었다. 바닥은 처음 그대로 의자 없는 맨 마룻바닥인데 둥근 아치형 천장과 썩 잘 어울린다. 제대 뒷부분 벽에 화려하지 않게 설치된 3개의 스테인드글라스가 성당 안으로 들이는 은은한 빛이 경건한 분위기를 연출한다. 제대 오른쪽 마리아상에 얽힌 사연도 흥미롭다. 6·25전쟁 중 이 지역에서 전투가 치열했는데

▲성당 왼편에 서있는 유물전시관. 초기 사제들이 의식에 썼던 기도서며 의식복 등 320점이 전시되어 있다.

▲유물전시관에 보관되어 있는 율무로 만든 묵주.

간절히 기도해 부대원 중 유일하게 살아남은 미군 장교가 나중에 귀국해 비행기로 공수해 왔다고 한다.

성당 왼쪽에 성당을 바라보며 서 있는 2층짜리 유물전시관은 전국의 신자와 순례객들 사이에 인기가 높은 성지. 1912년 사제관으로 만들어 써오다가 1997년 대대적인 단장을 거쳐 320점의 초기 유물들을 모아 놓았다.

성당 건립자인 정규하 신부의 유품을 비롯해 초기 사제들이 미사 때 쓰던 촛대와

▲천주교 신자들의 집이 옹기종기 들어서 있는 성당 앞 신앙촌.

의식복, 흙으로 빚은 십자가, 율무 묵주, 성합, 기도서들을 눈여겨보면 이곳이 예사로운 곳이 아님을 느끼게 한다. 사제관 왼편 나지막한 동산에 조성한 십자가의 길도 꼭 둘러봐야 할 공간. 지난 2002년 판화작가 이철수 씨가 예수 최후의 고난상들을 동판화로 제작한 14처를 음미하며 정상에 오르면 잘 꾸며진 묵주동산을 만나게 된다. 나란히 선 큰 십자고상과 마리아상 앞에 축구공만한 묵주알들이 빙 둘러 박혀 있는 게 특이하다.

횡성군과 원주교구는 요즘 풍수원성당의 역사적 가치를 인근 자연과 연계해 천주교 복합성지에 담아내려는 작업을 벌이고 있다. 100억원을 들여 대지 258만㎡에 22만㎡ 규모의 '바이블 파크'를 조성하는 것이다. 예정대로 완공된다면 내년 말까지 풍수원성당을 중심으로 수목원과 피정의 집, 미술관, 정규하 신부 동상, 천국동산, 가마터 등이 들어서게 된다.

풍수원성당 김승오 주임신부는 "한국 동부지역 전교의 중심지로 우뚝 섰던 초기의 위상에선 멀어졌지만 초기 모습을 고스란히 갖춘 채 고난했던 한국 천주교의 역사를 소리없이 증거하는 핵심적인 성지의 의미를 살리기 위해 천주교계가 노력해야 할 것"이라고 말했다.

■ 천주교 최초의 신앙촌은

한국엔 천주교 박해를 피해 신자들이 모여 살았던 교우촌이 여럿 있지만 풍수원성당 일대는 가장 먼저 형성된, 한국 천주교 최초의 신앙촌이다. 초기의 큰 성당들이 주로 대도시에 들어섰던 것과 달리 험한 산골짜기에 커다란 풍수원성당이 세워진 것은 바로 이 신앙촌이 있었기 때문이다.

그 시초는 1800년대 초 경기도 용인에 살던 40여 명의 신자들이 신유박해를 피해 이 지역으로 피신해온 것. 당시 신자들은 피신처를 찾기 위해 이곳저곳을 떠돌다가 용인에서 비교적 가까운 산골인 이 지역을 택한 것으로 보인다. 이곳에 터를 잡은 신자들은 다른 지역의 교우촌과 마찬가지로 화전을 일구고 옹기를 구우며 연명했다. 단 한 사람의 성직자도 없이 두려움에 떨며 80여 년간 신앙심을 지키던 신자들은 조선교구장 뮈텔 주교에 의해 이곳에 강원도 최초의 본당이 설정된 1888년에야 자유로운 신앙의 꽃을 피울 수 있게 되었다.

이곳은 한때 전국에서 모여든 신자들로 붐볐으나 차츰 흩어져 살게 되었으며, 6·25전쟁을 겪으면서 북한에서 넘어온 난민 중심의 교우촌으로 거듭났다. 이후 신자들의 크고 작은 집들이 옹기종기 모여 있었으나 30여 년 전 도로와 마을 정비사업을 거치면서 많은 가구가 떠났다. 지금 성당 앞에 비슷한 형태로 모여 있는 주택 40여 채는 30여 년 전 정비사업을 하면서 들어선 것이다. 이곳에 살고 있는 주민들은 모두 천주교 신자들. 뿐만 아니라 전통적으로 신앙촌 성격이 강한 때문인지 지금 횡성군 서원면 일대 주민 2,300명 중 신자가 850명에 이를 정도로 천주교 세가 강하다. 물론 풍수원 주민은 모두 천주교 교인들이다.

05 신도들이 자력으로 일군 신앙 못자리
춘천 죽림동성당

▲춘천 지역 천주교 신앙의 못자리 죽림동 주교좌성당. 순전히 신도들이 자생적으로 신앙의 싹을 틔워 건립해놓은 흔치 않은 본당이다.

강원도 춘천 시내의 언덕지대인 약사리 고개에 우뚝 선 죽림동 주교좌성당(죽림동 38, 등록문화재 54호)은 춘천 천주교 신앙의 못자리이다. 신도들이 자생적인 신앙의 싹을 틔워 공소·본당에서 주교좌성당까지 이끌어냈고, 그 과정에서 숱한 희생이 따랐다. 지난 1990년 후반까지만 해도 4,000여 명이 미사에 참석할 만큼 교세가 컸던 본당. 개발 바람이 불어 인근 지역에 아파트 단지들이 잇따라 들어서면서 신도들이 썰물처럼 빠져나가 지금은 '주교좌성당'의 명맥만 근근이 이어가는 형편이다. 그럼에도 신앙의 태동기부터 고난의 신앙 역정을 모두 견뎌내고 묵직하게 선 '맏형'격 신앙터임을 누구도 부인하지 않는다.

죽림동성당의 역사는 1920년 본당으로 설립된 곰실 공소로부터 시작된다. 당시만 해도 강원 중심 본당인 횡성 풍수원성당의 신부가 이 지역의 작은 공소들을 일일이 돌아다니며 세례를 베풀었다고 한다. 죽림동성

▼성당 뒤쪽 성직자 묘역. 죽림동성당과 춘천 지역의 순교 성직자 16명이 잠들어 있다.

당에서 동쪽으로 5km 떨어진 외딴 곳의 곰실 공소도 사정은 마찬가지였다. 신도가 늘어나면서 본당 설립을 요청했고, 마침내 1920년 본당이 설립돼 당시 풍수원성당의 보좌였던 김유용 신부를 초대 주임으로 모셔왔다.

이후 신도들은 춘천 시내에 성당을 마련하기 위해 밤낮없이 함께 가마니를 짜고 짚신을 삼아 내다 팔았다고 한다. 이렇게 모은 돈으로 지금의 성당 아래 골롬반의원 터와 아랫마당, 수녀원 터를 사들여 성당을 세운 게 1928년 5월이다. 지금의 성당은 이 부지에 보태 1939년 서울(경성) 대목구에서 춘천 지목구가 분할되면서 부임한 구인란(Quinlan) 주임신부와 신도들이 약사리 고개 언덕의 도토리 밭을 추가로 매입해 마련한 것이다.

그 때만 해도 성당 모양새만 갖췄지 구조며 성물은 변변치 못했던 것 같다. 결국 1941년부터 새 성당을 지을 계획을 세웠는데, 성당 벽의 라틴어 초석이 말해주듯 일제의 살벌한 감시와 박해로 8년 뒤인 1949년 4월 5일에야 착공할 수 있었다. 전남 광주의 '자' 씨 성을 가진 화교 기술자가 설계와 건축을 맡았다. 홍천 발산리 강가에서 석재를 날라다 외벽을 모두 쌓

▲성직자 묘역 뒤쪽에 세워진 십자가. 남북의 나무를 엮어 만든 것으로 분단 교구인 춘천 교구의 아픔과 통일염원을 담고 있다.

▲성당 내부. 제대와 독경대, 주례석 등 중앙 제의 공간이 뭇 성당들의 모범이 되고 있다.

고 동판 지붕까지 얹어 내부공사를 하던 중 6·25 전쟁이 터졌다. 한 쪽 벽이 모두 무너지고 사제관이며 부속건물이 대파되었는데 전쟁 중에도 복구 작업을 벌여 1956년 6월 마침내 주교좌성당 축성식을 가질 수 있었다. 이후 교구 설정 60년을 맞은 1998년 춘천교구장 장익 주교와 가톨릭 미술가회 작가들이 힘을 모아 제대며 내부 성물들을 새롭게 꾸몄는데, 물론 외벽이며 골격은 그대로 유지한 채였다.

성당은 명동성당의 옛 십자가와 똑같은 모습의 십자가와 종탑을 갖춘 로마네스크 양식의 석조. 이 작은 십자가는 서울대교구에서 갈라져 출발한 교구임을 상징한다고 한다. 성당에 들어서려면 둔중한 청동 문을 지나야 하는데 성당 건립을 관할했던 성골롬반외방선교회를 기리는 한 쌍의 아일랜드풍 십자문양이 새겨져 있다. 성골롬반

▲죽림동성당의 모태인 곰실 공소.

외방선교회는 주로 강원과 호남 지역을 관할했는데 죽림동성당에서도 1939년부터 30년간 모두 11대에 걸쳐 이 선교회 소속 신부가 주임을 맡았다. 지금도 성당 입구엔 이 선교회 소속 수녀원이 있으며, 성당 아래쪽 병원의 이름도 여전히 '성골롬반 의원'. 지역 주민들에게 '성당 병원' 이라 불리는 이색 공간이다.

고풍스러운 외벽과는 달리 내부는 현대식으로 가꿔져 대조를 이룬다. 양쪽 벽을 두른 정감어린 예수 고행 14처가 유난히 눈길을 끈다. 이 성당의 핵심은 역시 감실과 화강암 제대, 독경대, 주례석, 촛대로 구성된 중앙 제대 공간. 한국 천주교계에서 성(聖)미술과 전례에선 누구에게도 뒤지지 않는 것으로 정평난 장익 주교와 가톨릭 미술인들이 뜻과 품을 모은 작품들이다. 요즘 새로 짓는 성당들이 모두

▲성당 정문. 죽림동성당을 오래도록 관할했던 성골롬반선교회의 공을 기린 아일랜드풍 십자가가 새겨져 있다.

▲성당 외벽의 초석. 라틴어로 1949년 4월 5일 기공됐음을 밝히고 있다.

이곳에 와 그야말로 '한 수 배 워간다'는 바로 그 이름난 전례공간이다.

'파격의 아름다움'을 뒤로 한 채 성당 뒤쪽으로 발길을 옮기다 보면 이내 낯선 광경을 만나게 된다. 이 성당에 몸을 담았거나 강원 지역에서 희생된 내외국인 성직자 유해 16구를 모신 성직자 묘역이다.

성당 본당에 바로 붙여 묘지를 쓴 흔치 않은 곳이다. 묘의 주인공들은 대부분 전쟁기 북한으로 끌려가다 순교한 신부들. 전쟁 발발 당시 보좌신부였던 프란치스코 신부와 라바드리시오 신부, 고안당 신부, 진야고보 신부의 이름이 눈에 띈다. 외국인 신부들 틈에 나란히 누운 한국인 이광재 신부는 원산까지 끌려가 어느 방공호에서 선종했다고 한다. 춘천교구는 해마다 11월 첫 주간을 '위령의 달'로 정해 이 '죽음의 행진'에서 희생된 사제들의 넋을 위로한다. 이 '위령의 달' 행사에는 춘천 지역 사제와 신도들이 모두 모인다고 한다.

6·25전쟁 중 주요 인사들이 쇠사슬에 손이 묶인 채 북한으로 끌려간 이른바 '죽음의 행진'에서 기독교계도 숱한 희생자들을 냈다. 당시 교황 사절을 비롯해 외국인 사제와 수녀, 개신교 목사 수백 명이 평안북도 산골에 강제수용돼 34개월간 포로생활을 했는데 적지 않은 인물들이 돌아오지 못했다. 이 성당이 건립될 때 주임으로 있었

던 구인란 신부도 미사 도중 끌려갔으나 기적적으로 돌아와 주한 교황청 대사를 지낸 뒤 1955년 초대 춘천 대목구장에 부임했다고 한다. 죽림동성당과는 아주 질긴 인연을 가진 인물인 셈이다.

이 묘역 바로 뒤편에는 기이한 십자가가 나무에 기대어 서 있다. 지난 2000년 대희년 6월 25일 춘천교구가 '민족의 화해와 일치를 위한 기도의 날 전국대회'를 열면서 제단에 설치했던 십자가다. 동해안 지역을 휩쓴 화마로 불 탄 소나무에 북한의 주목나무를 엮어 만든 것으로 분단 교구의 아픔과 신도들의 통일 염원이 서려 있다.

지금 죽림동성당에 적을 둔 신도는 1,600명. 대부분 오래도록 이 성당을 다닌 나이 든 세대들이다. 지난 1990년대 말까지만 해도 3,800명이 성당을 다녔다고 한다. 2000년대 들어 춘천 지역엔 17개의 성당이 새로 생겨나 애막골, 퇴계동, 수무숲성당 같은 곳엔 신도 수가 3,000명을 넘는다.

지난 2003년부터 주임을 맡았던 김현준 신부는 "지금 죽림동성당은 옛날의 교세와 모습과는 크게 다르지만 신도들의 자생적인 믿음에서 출발해 신앙 공간을 일군 흔치 않은 성당으로 한국 교회사에서도 결코 빼놓을 수 없다"고 힘주어 말한다.

■죽림동성당 · 춘천교구 '밀알' 엄주언

죽림동성당과 천주교 춘천교구에서 빼놓을 수 없는 인물이 있다. 바로 이 지역에 신앙의 싹을 틔워 성당을 세워놓은 밀알인 엄주언(말딩 · 1872~1955)이다.

한국의 천주교가 외국 선교사의 전교없이 자생적으로 이루어진 특징을 갖는다고 할 때 춘천 지역이야말로 가장 대표적인 경우가 아닐 수 없다. 그 한 가운데 바로 엄주언이 있는 것이다.

춘성군 장학리 노루목에서 태어난 엄주언은 19살 때 우연히 '천주실의'와 '주교요지'를 읽고 천주교와 연을 맺었다. 맏형과 함께 천주교 발상지인 광주 천진암을 찾아 움막생활을 하면서 가족 모두가 영세하도록 인도했지만 정작 고향에서는 '천주학쟁이'로 몰려 따돌림과 온갖 수모를 받아야 했다.

그러나 화전을 일구며 열심히 살아가는 모습에 감화된 주민들이 차츰 모여들었으며 죽림동성당의 모태인 곰실 공소를 마련해 예절을 보기에 이른 것이다.

곰실 공소가 본당으로 설립된 것도 순전히 엄주언의 공이다. 풍수원성당과 서울의 명동성당을 오르내리며 상주사제 파견을 간청한 결실이다.

본당 설립 후 신도들의 애련회를 조직해 춘천 시내로 진입하기 위한 자금 마련에 나서 결국 성당 터를 구입했으며, 여기에 6대 춘천 본당 주임으로 부임한 구인란 신부가 인근 밭을 매입해 지금의 죽림동성당을 세우게 된 것이다.

성당 입구의 사제관과 연결된 말딩회관은 바로 춘천교구가 그의 공을 기려 지난 1997년 건립한 곳으로 춘천 지역 천주교계의 핵심 공간으로 통한다.

06 폐허의 신앙 유적지
구 천주교 포천성당

▲경기도 북부 지역의 유일한 등록문화재인 구(舊)천주교 포천성당. 6·25전쟁이 끝난 뒤 이한림 장군이 성당을 세워 이 지역 5개 본당을 관할하는 중심 성당으로 발전했으나, 실화로 지붕과 내부 구조물이 모두 소실된 채 벽체만 앙상하게 남아 폐허의 모습을 연상케 한다.

문화유산의 멋과 의미는 후대에 가공되지 않은 본래의 모습에서 외려 오롯하게 살아나는 경우를 흔히 본다. 심하게 훼손된 채, 혹은 아주 작은 부분만 옛 모습대로 남아 있지만 보는 이들로 하여금 화려했던 옛날을 들쳐보게 만드는 그리스 곳곳의 폐허화된 유적이며 유물들은 그래서 더 빛이 난다. 옛 것을 지금의 기준으로 다듬어 되살려내는 복원만이 능사는 아닐 것이다. 남겨진 그대로, 있는 그대로의 모습을 들여다보면서 곱씹는 역사의 교훈과 재미가 쏠쏠한 것이다.

경기도 북부지역의 유일한 등록문화재인 구(舊)천주교 포천성당(경기도 포천시 신읍동, 등록문화재 제271호). 1950년대 중반 군부대에 의해 지어져 역사는 그다지 오래지 않지만 훼손된 뒤 복원의 손길을 타지 않은 채 남아 있는 희귀한 문화유산이다.

● 붉은 성가정 성당 옆 회색빛 벽체 만나다

포천 시내의 신읍동에서 서편 왕방산 쪽으로 방향을 잡아 좁은 길을 오르다보면 산 중턱의 예쁘장한 성가정 성당을 만나게 된다.

현대식 건물의 성당 경내에 들어서면 사제관 앞 언덕을 둔중하게 두른 거대한 축대 위의 흉물스러운(?) 또 다른 건물에 자연스럽게 눈길이 쏠린다. 마치 폭격을 맞은 듯 지붕은 온데간데없고 벽체만 을씨년스럽게 서 있어 그야말로 폐허를 연상케 한다.

바로 이곳이 구 천주교 포천성당이다. 동쪽 종탑 아래에 '성 가브리엘 성당'이라 새겨진 아치형 출입문에서 휑뎅그렁하게 매달린 종을 올려다보며 안으로 들어서면, 안인지 바깥인지 분간하기 어려울 만큼 하늘이 그대로 눈에 들어온다. 군데군데 부서져 떨어져나간 틈새를 시멘트로 메운 화강암 벽체가 서 있기조차도 버거워 보인다.

▲성당을 건립한 이한림 장군의 세례명을 따 '성 가브리엘 성당'이라 새긴 종탑의 창틀 사이로 처음 지어졌을 때 봉헌된 종이 얼굴을 살짝 드러내 보인다.

▲성당 내부. 갈라진 화강암 벽체와 종탑이 옛 성당의 형체를 간신히 유지하고 있다.

그럼에도 서쪽 정면의 감실이며 감실 앞에 두 켜로 만들어진 제단은 이곳이 한때 간단치 않은 신앙의 중심 공간이었음을 말없이 보여준다.

● 대지 기증 받아 공병대대가 5개월간 공사

한국의 성당들은 대부분 신자와 신자들의 신앙공간인 공소를 중심으로 해서 세워지곤 했다. 그런데 이 성당은 거꾸로 성당이 먼저 세워진 뒤 신자들이 모여들고 본당이 설정된 특이한 역사를 갖고 있다. 6·25전란의 험한 세상에서도 살아남은 교회들은 당시 천주교 신자들에게 '하느님이 보호하는 굳건한 성'이란 인식을 심기에 충분했다. 그런 때문인지 1950년대엔 유난히 석조건물이 많이 들어섰는데 의정부 제2성당(1953년), 돈암동성당(1955년), 횡성성당(1956년),

홍천성당(1957년), 제기동성당(1957년)이 모두 그런 성당들이다. 특히 군부대의 지원을 받아 세워진 석조건물이 적지 않았는데 이 포천성당은 군부대가 직접 세운 것 가운데 남아 있는 유일한 성당이다.

6·25전쟁의 포화가 멈춘 1955년 당시 육군 6군단 군단장이었던 이한림 장군이 성당을 지은 주인공. 할머니의 인도로 독실한 신자가 되었던 이한림 장군은 당시 신앙처가 없던 포천에 성당 터를 물색하던 중 어디에서나 볼 수 있는 이곳을 낙점했다고 한다. 폐허의 성당 앞에 서면 지금도 포천 시내가 한눈에 내려다보인다.

포천의 유지로부터 기증받은 3,306㎡ 대지 위에 5개월간의 공사 끝에 181.83㎡짜리 석조성당과 66.12㎡의 사제관으로 지었는데 공사는 모두 이 장군의 지시를 받아 공병대대가 맡았다. 종탑 아래 아치형 벽체에 새겨진 '성 가브리엘 성당'의 이름은 이한림 장군의 세례명을 땄다고 한다.

●사업실패자가 촛불 켜놓고 잠들어 지붕 소실

1955년 11월 말 완공되었을 때의 모습은 나무 마룻바닥에, 인근 덕정리에서 날라온 화강암 벽체와 종탑을 세우고 함석지붕을 인 준고딕식 조적조 성당이었다. 나중에 나무 바닥을 걷어내고 시멘트와 모래를 섞은 돌 바닥으로 바꾸었으며, 지붕도 동판 기와로 교체했다. 1990년 사업에 실패한 전직 경찰 출신이 성당 안 제의실에서 촛불을 켜놓고 잠을 자다가 불을 내는 바람에 벽체만 남긴 채 지붕이며 제대, 성물이 모두 소실되어 지금의 모습으로 남게 됐다. 불이 난 뒤 지역 신자들이 건물 붕괴를 우려해 성당을 헐어 새로 짓자고 했지만 문화재의 가치가 크다고 판단한 춘천교구장 장익 주교와 포천성당 신

▲구 성당 아래쪽 사제관 앞에 세워진 성가정상.

부, 학자들이 고집을 부려 마침내 지난 2006년 등록문화재 목록에 올랐다. 비록 성당 안 구조물은 모두 소실됐지만 서쪽 벽에 뚜렷하게 남은 감실과 제의 때 신부들이 감실을 오르내리던 계단은 신자들을 숙연하게 만든다.

제대가 놓여 있던 제단이 두 개의 층으로 구분된 것도 흥미롭다. 성당이 처음 지어졌을 때 신부들이 신자들에게 등을 돌린 채 미사를 집전하던 제단에 더해 나중에 제2차 바티칸공의회 이후 신자들을 바라보고 집전하기 위해 새로 만든 제단이 붙어 있는 모습이 특이하다.

● 2006년 등록문화재 올라

본당이 설정된 것은 성당이 지어진 이듬해인 1956년. 이후 지난 2004년 의정부교구가 서울대교구에서 분리될 때까지 의정부 지역을 비롯해 송우리성당, 일동성당, 운천성당, 가산성당 등 경기 북부지역의 5개 본당을 관할하는 중심본당으로 성장했다.

구 성당 아래의 본당인 성가정 성당은 지난 1992년 별도의 건물로 새로 지은 것이다. 춘천교구와 성당 측은 구 성당의 외벽 등 지금의 형태를 그대로 유지한 채 보수공사를 거쳐 주민들과 미사며 문화행사를 함께 할 수 있는 공간으로 활용할 방법을 찾고 있다. 구 성당을 문화재에 등재하는데 앞장섰던 단국대 김정신 교수(건축학)는 "군의 원조를 받거나 군이 직접 지은 종교건물 중 유일하게 남은 희귀유산인데다 도시개발로 사라질 위기에 처한 근대사의 흔적을 지킨다는 차원에서 보존가치가 크다"며 "외관을 그대로 보존한 채 전시회나 야외미사, 휴식처 등 소규모의 용도로 활용하는 것이 바람직하다"고 말했다.

▼원래의 성당 아래쪽에 현대식으로 새로 지은 단아한 모습의 성당.

■홍인, 신유박해 때 고향 포천서 순교… 지역 천주교 '뿌리'

구 천주교 포천성당이 지어질 때만 해도 이렇다 할 신앙공간이 없었지만 포천 지역은 원래 믿음의 뿌리가 깊은 곳이다. 이 포천 지역에 천주교 신앙의 씨앗을 뿌린 인물이 바로 1801년 신유박해 때 순교한 홍인(레오·1758~1802)으로, 지금도 천주교사에 굵은 선으로 남아 있다.

한양에서 포천으로 이주해 온 명망 있는 집안 출신인 홍인은 권일신으로부터 교리를 배운 부친에게서 천주교의 영향을 받았던 것으로 전해진다. 포천에서 자라난 홍인은 1794년 말 중국에서 조선에 입국한 주문모 신부를 찾아가 세례를 받아 입교했다. 이후 당숙인 홍익만, 황사영 등과 교류하던 중 1801년 신유박해 때 정약종의 책 뭉치가 든 상자를 집안에 숨겨 두었다가 발각돼 44세의 나이에 고향 포천에서 참수형으로 순교했다. 함께 체포된 부친은 한양으로 압송된 뒤 참수됐다.

그 즈음 홍인과 부친의 순교 소식은 전국에 퍼졌으며 다른 지방의 신자들이 이곳으로 옮겨와 신앙공동체를 일구기 시작해 1900년대 초 포천읍 선단리 해룡마을에 공소가 세워졌다. 이후 1930년대 개성 본당, 1931~1935년 행주 본당의 관할에 들었으며, 1935년부터 덕정리 본당(현 의정부2동 본당) 관할 지역에 속했다.

이한림 장군이 포천성당을 세운 이듬해인 1956년 본당이 설정되면서 경기 북부와 강원도 일부지역을 관할하는 중심성당으로 우뚝 선 것이다. 신앙심이 유별났던 이한림 장군이 포천지역에 성당을 건립할 뜻을 세운 것도 이 같은 포천지역의 신앙 내력을 잘 알았던 때문일 것이다. 성당 건립부지를 선뜻 내놓은 지역 유지도 물론 독실한 천주교 신자였다.

07 105년 전 세운 고딕식
대구 계산성당

▲한국에서 네 번째로 세워진 계산성당 전경. 국내에선 드물게 '전면 쌍탑'을 올린 로마네스크 양식의 벽돌 건물로 험했던 천주교 전래의 사연을 담고 있다. 정면 출입구 윗쪽의 커다란 '장미꽃 창'이 독특하다.

▲성당 옆 매일신문사 건물에서 내려다본 성당 모습. 십자가 모양이 완연하다.

천주교 대구대교구 주교좌성당인 계산성당(대구광역시 중구 계산2가 71-1, 사적 제290호). 박해를 피해 모여든 신자들과 함께 산골에서 은둔하던 프랑스 선교사가 직접 설계해 1902년 지금 자리에 세워놓은 뾰족집이다. 초기 성당들과는 다르게 높은 언덕이 아닌 평지에 세워진 영남 지역 최초의 고딕 성당. 국내에선 보기 드문 정면 쌍탑의 고딕식 건물이란 건축의 특이함에 더해 이 땅에 천주교가 전파되는 과정의 고충을 그대로 보여주는 귀한 신앙유산이다.

● 중세건축 흐름 이은 영남 최초의 '뾰족집'

1886년 조불수호통상조약으로 천주교 전교가 트이고 신자들에 대한 족쇄가 풀렸지만 영남지역에서의 신앙생활은 조약 이후에도 여

▲성당 내부. 아치형 천장을 떠받치는 두 줄의 굵은 기둥들이 내부 공간을 구획하고 있다.

전히 험한 길이었다.

대구본당이 신설된 이듬해인 1886년, 그러니까 조불조약이 체결된 그 해에 대구본당 초대 주임으로 임명된 프랑스 선교사 로베르(김보록·Achille Paul Robert) 신부만 하더라도 몸을 피해 인근 산골에 꼭꼭 숨어 지내야 했다.

당시 신나무골(현 칠곡군 지천면 연화동)과 죽전 새방골(현 대구 서구 상리동)은 거듭되는 박해를 피해 전국에서 찾아든 신자들이 은밀히 모여 살았던 영남지역의 대표적 교우촌. 로베르 신부는 낮에는 바깥출입을 일절 하지 않고 밤마다 상복으로 변장한 채 신자들을 방문하며 성사를 주었다고 한다.

성당이 세워진 것은 신앙 길이 트이면서 읍내인 대야불(현 대구 중구 인교동)로 들어온 로베르 신부가 정규옥(1852~1931) 승지의 집에서 활동할 때였다.

　열성적인 신자였던 정규옥이 사랑채를 내줘 7년 여간 임시성당으로 쓰다가 번듯한 신앙공간을 마련하게 되었던 것이다.

　당시 로베르 신부는 성당 자리로 현재의 계산동 성당과 그 서편 동산 두 곳을 놓고 고민했는데 "높은 허허벌판 구릉에 성당을 지을 수 없다"는 노인 신자들의 고집에 밀려 결국 지금 자리를 택했다고 한다.

　그런데 1899년 지어진 처음 성당은 지금의 서양 고딕식 건물이 아닌, 한옥 기와지붕의 십자형 건물이었다. 45칸이나 되는 큰 집이었는데 지붕 한가운데 대형 십자가를 올려 '주님의 집'임을 세상에 알렸다고 한다.

　'대구 본당 100년사'에는 당시 성당과 한식 기와집의 2층 사제관 단청을 들이던 스님들이 천주교로 개종했다는 흥미로운 기록이 들어 있다.

　그 무렵 약현(서울 중림동, 1892년)성당, 인천 답동(1896년)성당, 종현(서울 명동, 1898년)성당이 모두 서양식 뾰족집을 택했던 것을 볼 때 로베르 신부와 신자들이 건물을 통해서나마 신앙 토착화를 위해 얼마나 공을 들였는지 알 수 있다.

　성당 건립의 기쁨도 잠시뿐. 한밤중 일어난 화재로, 세워진 지 40일 만에 성당이 모두 불타 없어졌다. 당시 대구에 큰 지진이 있었는데 제대에 켜놓은 촛불이 넘어지면서 성당 전체로 옮겨 붙은 것이었다.

　한국에선 네 번째로 세워진 성당이자 당시 유일한 순수 한식 성당이었지만 지금은 사진으로만 볼 수 있어 천주교계와 학자들이 두고두고 안타까워하는 건물이다.

▲성당 정면의 제의공간. 아치형 돔에 연결한 스테인드글라스를 통해 제대에 쏟아지는 빛이 신성한 분위기를 연출한다.

로베르 신부가 파리외방전교회에 보낸 편지 글을 보면 당시 성당을 잃은 참담한 심경이 절실히 읽힌다.

"한국 건축양식의 걸작으로 그토록 많은 노력과 정성을 들였던 아름다운 노틀담(성모 마리아)의 루르드성당이 하룻밤 사이에 잿더미가 됐다. 지금 나에게는 제의도 일상복도 생활필수품도 없으며 고해를 듣기 위한 영대와 중백의조차 없다. 1,000명이 넘는 신자들이 미사에 참석하는데 바람막이조차 없다."

지금의 성당은 "천주께서 우리의 신덕을 시험하시고 더 큰 은혜를 주시고자 하심인 줄로 받아들이고 성당을 더 잘 짓기로 한 마음으로 협력하자"는 로베르 신부의 호소문에 감동받은 신자들이 십시일반 격으로 추렴해 1902년 다시 세운 건물.

설계는 로베르 신부가 직접 했고, 중국에서 벽돌공과 미장이, 목수를 데려와 일을 시켰다고 한다.

준공 이듬해에야 축성식이 열렸는데 당시 "영호남의 모든 신부들이 참석했고 사방 80㎞ 안의 수많은 신자들뿐만 아니라 다른 종교인들까지 구름처럼 모여들어 대구 전체가 축제에 휩싸였다"고 교회지는 기록하고 있다.

성당은 처음에는 주보성인으로 루르드의 성모를 택한 만큼 '성모님께 봉헌된 성당'이란 뜻에서 성당대문에 '성모당'이라 쓴 현판을 달아 놓았었다.

그런데 이 현판을 눈여겨보던 주민들이 "천주교는 하느님을 믿지 않고 성모 마리아를 믿는다"고 수군대 할 수 없이 '천주당'으로 바꿔 걸었다는 이야기가 전한다.

원래의 '성모당' 현판은 성당 오른쪽 계산문화관 2층의 성당유물전시관에 보관돼 당시의 상황을 소리없이 전한다.

전체적인 구조는 로마네스크 양식에 가깝지만 평면 구성은 라틴십자형 3랑식 공간의 전형적인 고딕 양식. 서쪽 정면 출입구 위에 2개의 종탑을 높이 세운 쌍탑이 다른 곳에선 볼 수 없는 독특한 것이다. 외벽은 화강암 기초석 위에 붉은 벽돌과 회색 벽돌을 쌓았다.

세월이 흘러 대구교구 설정으로 주교좌 본당이 되면서 신자들이 급속히 늘자 미사며 전례행사 때마다 불편이 이만저만이 아니었다.

▲성당 기둥에 새겨져 초창기 모습 그대로 남아 있는 십자가 문양.

결국 1918년 신자들이 비용을 분담한 증축공사에 나서 신자석과 지성소 사이에 330㎡ 정도의 공간을 새로 들이고 양쪽에 각각 신자석(익랑)을 만들어 지금의 모습을 갖췄다. 종탑 지붕도 두 배가량 높여 더욱 뾰족해졌다.

1991년부터 1년여에 걸쳐 대대적인 보수공사가 있었는데 이 때 지붕을 함석 대신 동판으로 교체했고, 바닥도 목재를 걷어낸 뒤 지금의 대리석으로 다시 깔았다.

현재 교적상의 신자는 6,000명. 주교좌성당이란 위상과 역사적 가치 때문인지 한창 번창할 때는 주일미사에 1만2,000명이나 참석했다고 한다. 성당 측이 인근 성당들로 신자들을 분리시키고 있지만 교적을 옮기지 않고 끝까지 이 성당에 남겠다는 신자가 적지 않다고 주임 신부가 귀띔한다.

▲신자석과 제의공간 사이 익랑에 낸 스테인드글라스. 한국의 성인을 모신 점이 이채롭다.

■ 계산성당의 볼거리들

출입구 위 두 개의 종탑을 나란히 뾰족하게 올린 '전면 쌍탑'은 계산성당의 트레이드마크. 이 쌍탑 사이에 만든 커다란 '장미꽃 창'은 성당 안에서는 제대 벽을 통해 제의공간을 환하게 밝히는 빛의 통로가 된다.

이 '장미꽃 창'은 신자석과 제의공간인 지성소 사이의 양쪽 익랑에도 설치되어 신앙공간을 한층 더 엄숙하게 장엄한다.

양쪽 벽을 빙 둘러 장식하고 있는 14처도 다른 곳의 것과는 달라 눈길을 끄는 부분. 성당 건립 초기에 중국에서 만들어 들여온 때문인지 14처 아래 붙인 중국어 표기가 이채롭다.

14처와 마찬가지로 양쪽 벽에 낸 스테인드글라스(색유리 창)는 성당 건립 때 프랑스에서 들여온 것. 예수 부활을 증거한 12사도가 새겨져 있다. 하지만 성당을 증축하면서 늘린 좌우 회랑의 스테인드글라스에는 한국의 성인 6위를 모신 점이 눈길을 끈다.

신자석에 앉아 성당 공간을 나누는 기둥들을 눈여겨보면 기둥에 새긴 독특한 문양의 십자가가 궁금해진다. 성당 축성 때 로베르 주교가 만든 축성패인데 문양과 색채가 오랜 세월에도 변하지 않은 채 또렷하다.

폴란드에서 들여와 성당 출입문 윗쪽 성가대석에 세워 놓은 파이프오르간도 빼놓을 수 없는 볼거리. 전자식이 아닌 기계식 오르간 가운데 명동성당의 것을 빼곤 가장 자연스럽고 아름다운 음색을 갖고 있다고 한다.

08 국내 최초 서양식
약현성당

▲한국 최초의 서양식 성당인 약현성당. '한국 천주교의 얼굴'인 명동성당보다 6년 앞서 지금의 서울 중림동 언덕에 들어선 이 성당은 한국 천주교 최대의 순교지였던 서소문 밖 네거리(서소문공원)를 묵묵히 내려다보고 있는 유서 깊은 성지이다. 1998년 정신병자의 방화로 전소되는 아픔을 겪었지만 복원작업 끝에 원래의 벽돌조 고딕 모습을 되찾았다.

한국 최초의 성당을 들라면 많은 이들이 대뜸 명동성당을 꼽는다. 명동성당이 갖는 한국 천주교의 얼굴이자 심장의 이미지 때문이다. 그런데 명동성당보다 무려 6년이나 앞서 세워진 성당이 있다. 서울 중구 중림동 149번지, 서울역 서쪽 맞은 편 언덕에 보일 듯 말 듯 앉아 시내를 내려다보고 있는 약현성당(현 중림동성당, 사적 제252호)이 바로 그것이다. 지금으로부터 114년 전인 1892년 한국 최초의 서양식 벽돌 성당으로 건립되어 이후 한국 성당건축의 모델이 된 유서 깊은 건물. 한국 교회 사상 첫 서양식 건축물이란 의미에 더해 1984년 성인 반열에 오른 103위 순교 성인 가운데 무려 44위의 성인을 낳은 한국 최대의 순교지인 옛 '서소문 네거리'를 품 안에 두고 있는 성지이다.

숭례문에서 서울역 쪽으로 방향을 잡아 걷다가 염천교를 건너 바로 산등성이를 오르면 만나게 되는 고색창연한 붉은 벽돌조의 작은 건물. 성당 초입의 큰 길 표지판엔 '천주교 중림동(약현)성당 한국 최초의 고딕 성당'이라 쓰여 있고, 정문의 돌기둥에 '약현천주교회'라 새긴 글씨가 또렷하다.

약현(藥峴)은 원래 만리동에서 서울역으로 넘어오는 곳에 위치한 고개였는데, 약초밭이 많아 약전현(藥田峴)으로 불리다가 지명으로 정착된 것으로 보인다. 이곳에 성당이 들어선 것은 한국 천주교 최초의 영세자인 이승훈(아호 반석)의 집이 있었기 때문. 반석골이라 불렸던 현재의 중림동에서 태어난 이승훈은 중국 베이징에서 영세를 받고 귀국해 교회 창설의 주역을 맡았던 인물. '한국 천주교회의 베드로'로 통하며 본명(반석)대로 교회에서 반석의 역할을 톡톡히 하다가 1801년 신유박해 때 최필공, 정약종, 홍교만, 홍낙민, 최창현 등과 함

▲라틴십자형의 약현성당 내부 모습.

께 체포되어 성당 아래쪽 서소문 밖 네거리에서 참수당했다. 참수될 당시 남긴 "월락재천 수상지진"(月落在天 水上池盡, 달은 떨어져도 하늘에 있고, 물은 솟구쳐도 연못에서 다한다)이란 말은 지금도 한국 천주교회의 명언으로 남아 있다. 약현성당을 이야기할 때 결코 빼놓을 수 없는 인물이다.

약현 본당은 본래 1887년 제7대 조선교구장 블랑(Blang) 주교에 의해 수렛골(현 순화동)에서 한옥 공소로 출발한 역사를 갖고 있다. 1891년 종현(명동) 본당에서 분리되어 서울에서 2번째, 전국에서 9번째로 설립된 본당인 셈이다. 당시 명동 본당은 4대문 안쪽에 있다고 해서 '문 안 본당', 약현 본당은 '문 밖 본당'으로 불렸다고 한다. 신자 수가 '문 안 본당' 즉 명동성당보다 훨씬 많아지면서 조선교구가 새로 지은 것이 바로 약현성당이다. 1891년 10월 건축을 시작, 착공 1년만인 1892년 공사를 마무리지었다. 1898년 종현에 우뚝 섰던 명동성당보다 무려 6년이나 먼저 세워진 셈이다. 한국에선 처음으로 들어선 서양식 성당에서 하루 세 번씩 울려 퍼지는 종소리는 당시 장안에 화제가 되었다고 한다. 당시 축성식을 집전한 뮈텔 주교는 파리외방전교회 본부에 보낸 서한을 통해 이렇게 소감을 밝히고 있다.

"이제 서울 문 밖 중심에 성당이 우뚝 솟았다. 그것은 아담하며 또한 성당다운 성당으로서는 한국 최초이고 유일하다."

건립 당시의 규모는 길이 약 32m, 폭 12m, 종탑 높이 22m, 넓이 396.72㎡로 목조 마룻바닥이었다. 1905년 종탑 꼭대기에 첨탑이 올려진 데 이어 1921년에는 성당 내부의 칸막이가 철거되고 벽돌 기둥이 돌기둥으로 바뀌었다. 1974년부터 대대적인 보수 공사를 거쳐 1977년 국가문화재(사적 제252호)로 지정되었으나 1998년 2월 한 행려자가 저지른 방화로 성당 안이 거의 전소되고 지붕이 내려앉는 비운을 맞았다. 벽돌 구조물과 앙상한 잔

▲약현성당이 내려다보고 있는 서소문공원의 순교자현양탑.

해만 남았으나 1년 6개월여에 걸친 공사를 거쳐 2000년 9월 옛 모습을 찾았다.

시내 쪽인 동측에 정면 출입구, 남북향의 측면 출입구 각 1개씩을 갖춘 성당은 표지판에 적힌 대로 전체적으론 고딕 성당이지만 고딕보다는 로마네스크 양식이 강하다. 몸채에 곁채 2개가 딸린 라틴십자형 삼랑식(三廊式) 구조인데, 요란한 장식들이 없어 오히려 더 장중한 느낌을 받는다. 가운데 두 줄의 돌기둥이 늘어섰고, 기둥 바깥의 양쪽 신자석 창은 둥근 아치로 장식되어 있다. 가장 높은 가운데 부분 주위로 점차 낮아지는 하늘 형상의 둥근 천장은 성당의 가장 독특한 부분이다. 제대 좌우 신자석 정면에 성 모자상과 성 요셉상이 모셔져 있으며, 그 좌우 벽에 14처가 걸려 있다. 정면 제대 뒤쪽을 장식하는 3개의 유리화를 통해 들어오는 빛줄기가 성전 안을 환하게 비추도록 돼 있는데, 이 때문에 교계에서는 '전국의 성당 중 가장 밝은 성당'으로 통하기도 한다.

약현성당은 사적 252호로 지정된 성당건물 말고도 서소문순교자기념관, 가톨릭종교음악연구소, 가톨릭출판사 등이 자리 잡아 명실상부한 한국 가톨릭문화의 중심지. 1991년 본당 설립 100주년을 맞아 세운 서소문순교자기념관은 그 중에서도 가장 큰 자랑거리이다. 기념관 전면에 1996년 조광호 신부(베네딕토 수도회)가 제작한 유해 및 위패 봉안실이 들어 있는데, 이곳에는 서소문 밖 네거리에서 목숨을 잃은 남종삼, 허계임 등 44위의 순교 성인을 비롯해 아직 시성(諡聖)되지 못한 순교자 58위의 위패가 함께 모셔져 있다.

현재 약현성당의 신자는 3,500여 명. 약현 본당에서 분리된 본당만 해도 90여 개나 된다. 천주교 전체적으로 신자 수가 감소하고 있지만

▲약현성당 설립 100주년을 기념해 건립된 서소문순교자기념관에 보존된 약현성당 구조물.

▲약현성당 정문에서 본당으로 오르는 길 옆에 조성된 기도동산.

이 성당의 면모는 사뭇 다르다. 성당이 갖는 역사적 전통 때문인지 몇 대에 걸쳐 성당을 다니고 있는 '대물림 신자' 들이 많은 게 특징. 다른 지역으로 이사 간 뒤에도 성당을 옮기지 않고 꾸준히 이 성당을 찾는 신자도 전체의 3분의 1이나 된다고 한다.

■최대의 순교지 서소문 내려다보며

약현성당에서 내려다보이는 지금의 서소문공원 부근, 즉 당시의 서소문 밖 네거리는 신유(1801년)·기해(1839년)·병인(1866년)박해를 거치면서 천주교 신자가 가장 많이 처형을 당한 한국 최대의 순교지이다. 1984년 성인반열에 오른 순교자 103위 가운데 44명이 바로 이곳에서 목숨을 잃었다.

서울 지역 순교지 중 절두산이 병인박해 때의 집단 처형 장소, 새남터가 국사범·지도자급 인물들의 형 집행처였다면 서소문 밖 네거리는 주로 일반 평신도들의 처형장이었다. 포졸들은 처형할 신자들을 태운 우차를 울퉁불퉁한 서소문 언덕길을 내리달려 신자들을 피투성이로 만든 뒤 아래쪽 네거리에서 처형한 것으로 기록되어 있다.

서소문 밖 네거리에서 신자들이 순교한 지점은 정확히 알 수 없으나 아현고가도로와 의주로가 교차하는 서소문공원 근처로 추정된다. 1984년 한국 순교자 103위의 시성을 기념해 이곳에 순교자현양탑이 세워졌다. 서소문은 1914년 일제에 의해 철거되어 지금은 흔적조차 남아 있지 않다. 1984년 세워진 순교자현양탑은 1996년 5월 공원을 재개발하면서 철거되었는데, 약현성당이 머릿돌과 동판 석재를 되살려 성당 안으로 옮겼다.

09 한국 천주교의 얼굴
명동성당

▲한국 천주교회의 태동지인 명례방 인근 언덕에 우여곡절 끝에 우뚝 선 '한국 천주교의 얼굴' 명동성당. 천주교 최초의 본당으로 출발해 서울대교구 주교좌성당으로 자리잡기까지 험난했던 한국 천주교의 역사를 그대로 보여준다. 단조로운 외형의 벽돌조이면서도 전형적인 고딕 양식을 띠어 그리스도교 정신을 잘 담고 있는 한국의 대표적인 교회 건축. 근현대사의 파고를 겪고 이제 교회 본연의 신앙 터로 거듭나야 한다는 목소리가 높다.

▲명동성당의 내부 전경. 정면의 중앙제대를 중심으로 기둥에 의해 갈라진 몸채와 옆 복도가 이어진다. 횡단 붙임기둥으로 지지되는 곡면천장(궁륭)과 개방된 공간 아케이드, 4개의 뾰족아치로 연속되는 공중회랑, 높은 창에 장식된 스테인드글라스는 고딕 건축의 전형을 보여준다.

1898년 서울 목멱 자락인 종현(鐘峴)에 우뚝 세워진 '한국 천주교의 얼굴' 명동성당(중구 명동 2가 1, 사적 제258호). 60대 후반을 넘긴 세대에겐 지금도 '언덕 위의 뾰족집'으로 통한다. 지금의 이름으로 불리게 된 것은 1945년 해방 후부터였고, 원래 이름은 당시의 지명을 딴 '종현성당'이다. 1900년 이전 세워진 건물 중 가장 크고 잘 보존된 것이면서 가장 순수한 고딕 양식의 이 성당은 '뾰족집'이란 별명에 걸맞게 전형적인 고딕 양식을 띠고 있다.

고딕은 신성로마제국이 쇠퇴하면서 로마교황의 권력이 증대하고 그리스도교가 융성하던 12세기 프랑스에서 완성된 건축양식으로, 교회의 승리를 과시하기 위한 앙천(仰天)의 구조가 특징이다. 명동성

▲성당 안 성가대 발코니에 설치된 파이프오르간. 원래 1920년 전국의 신자들이 모금운동을 벌여 설치했던 대풍금이 1960년 성가대석을 확장하면서 교체됐고, 이후 보수공사 때 독일 보슈사의 파이프오르간으로 재설치됐다.

당 역시 경사지 구릉의 산봉우리를 깎은 정상부에 자리 잡아 주변을 내려다보고 있고, 진입로와 성당의 높이가 약 13m의 고도차를 가져 확연히 드러나는 위용을 갖추고 있다. 뾰족한 아치와 궁륭 천장, 기둥에 의해 구획되는 6칸의 회중석 공간과 교차부, 두 칸의 익랑(翼廊), 두 칸의 성단(聖壇) 구조의 삼랑(三廊)식 라틴십자형 내부공간이 고딕 양식의 전형이라면, 단순한 외관과 견고한 벽체의 구조체계와 공법은 로마네스크 양식에 가깝다. 대부분의 중세 유럽 성당이 서쪽 입구를 둔 동서 배치였던 데 비해 정북에서 30.5도 서쪽으로 기울어진 북북서쪽 입구를 가진 남북 배치 형태는 파격이다.

규모는 건축면적만 1412.12㎡, 연면적 2025.42㎡, 외곽 길이 68.25m, 외곽 폭 29.02m, 건물높이 23.48m, 종탑높이 46.70m이다.

그런데 명동성당은 왜 하필 이곳에 세워졌을까. 그것은 성당을 건립한 선교사들이 당시 높은 곳에 교회를 세우는 전통을 고집한 때문이기도 하지만 바로 인근 명례방이 한국 최초의 순교자를 낸 천주교회의 태동지임을 의식해서였다.

흔히 한국 천주교의 특징은 '박해와 순교로 점철된 자생적 신앙'으로 요약된다. 한국 최초의 영세자인 이승훈이 청나라에서 영세를 받고 귀국한 게 1784년. 한국 천주교는 이 해를 원년으로 삼는다. 이승훈은 현재의 명동 부근인 수표교 근방 이벽의 집에서 세례를 베풀고 신앙공동체를 탄생시켰다. 이 신앙공동체가 성장해 당시 명동 일대인 명례방의 역관 김범우의 집에서 비밀리에 신앙집회가 열렸지만, 집회가 발각되어 김범우는 형벌과 고문 끝에 1786년 한국 최초의 순교자가 된다.

이후 100여 년간 한국 천주교는 신도 1만여 명과 성직자 10여 명이 순교하는 고초를 겪었다. 명동성당이 세워진 종현(鐘峴)은 이처럼 한국 최초 교회의

▲중앙 제대의 뒷벽에 화려하게 그려진 그리스도 12사도 상본. 제2공화국 국무총리를 지낸 장면의 동생인 서양화가 장발의 작품으로, 독일의 전형적인 성(聖)미술 정신을 잘 담고 있다는 평을 받고 있다.

▲본당 건물 끝자락의 작은 문을 통해 들어갈 수 있는 지하성당의 유해소. 기해박해와 병인박해 때 순교한 프랑스 선교사와 한국 최초의 순교자 김범우 등 9명의 유해가 안치되어 있다.

▶성가대석에서 내려다본 성당 내부. 한국 천주교의 상징답게 높은 천장과 장엄한 제의공간이 두드러진다.

발상지이며, 최초의 순교자였던 김범우의 집이 있던 명례방 옆 언덕이었던 것이다.

그런데 당시 조정에서는 성당 터에 불만이 많았던 것 같다. 성당 터가 조선 왕궁을 내려다보고 있고, 특히 조선조 임금들의 영정을 모신 영희전의 주산맥을 이루고 있다는 것이었다. 조정과의 부지 소유권 분쟁이 오랫동안 계속됐지만 결국 교회가 토지소유권을 인정받아 성당 건립이 이루어지게 됐다. 이 사건은 천주교를 적대적으로 대했던 정부가 차꼬를 푼 신호탄이었다. 실제로 이 사건 이후 많은 종교 시설들이 들어서게 된다.

1898년 축성 후 다섯 차례의 보수공사를 거쳤으며, 지금은 외벽공사가 한창이다. 성당 내에는 제구, 가구를 포함하여 많은 고정 구조물이 있는데

성당 축성과 함께 마련된 대리석 주 제대와 벽돌조의 부 제대, 성상과 14처 등을 제외한 모든 게 완공 이후 제작 설치됐다.

1920년 제8대 조선교구장 뮈텔 주교 성성 25주년 기념으로 제작 설치된 강대 부분은 해체되어 독서대와 목조제단으로 조립되어 사용되고 있다. 닫집은 강대와 같이 철거되어 주교좌 상부에 설치되었다. 파이프오르간 역시 뮈텔 주교의 주교 성성 25주년을 기념하여 전국의 신자들이 모금한 성금 2만원으로 설치됐지만 미국제 전자식 파이프오르간으로 대체된 뒤 현재의 독일 보슈사 파이프오르간으로 재설치되었다. 복자제대와 79위 복자상본은 1925년 복자시복 때 시설된 것이다. 건립 당초의 14처는 1963년 무렵 다른 작품으로 교체되었으며 원래의 것은 수유리성당에 보관되고 있다. 바닥도 원래 마룻바닥에 의자가 없었지만 1950년대 말 장궤의자가 도입되었다.

일제강점기와 정부수립, 전란기를 거치며 현대사의 중심 공간 역할을 했던 명동성당은 1960년대 후반부터 군사정권에 맞선 '해방구'가 되어 1987년 군사정권의 종말까지 '민주화의 성지'로 불리기도 했다. 하지만 지금 명동성당은 다시 태어나려 한다. 서울대교구를 중심으로 한 사제들 사이에 "본연의 신앙 터전으로 되돌아가야 한다"는 목소리가 높고, 주변의 문화시설을 아우르는 문화특구 지정 움직임이 일고 있는 것이다. 천주교 이창영 신부는 "한국 천주교의 심장이랄 수 있는 명동성당은 교회의 의도와는 다르게 정치·사회적으로 이용된 경우가 많다"며 "현대사회에서 복음의 진정한 의미를 되찾기 위해 초기 교회의 신앙을 바탕으로 생명존중과 문화의 중심지로 거듭나야 한다"고 말한다.

■ 명동성당은 어떻게 건립됐나

　최초의 순교자를 낸 명례방을 중심으로 창설된 이 땅의 신앙공동체는 처음 북경교구에 소속됐다가 1831년 로마교황청에 의해 조선교구로 설정됐고, 교황청은 파리외방전교회로 하여금 이 신설교구의 전교를 맡겼다. 제7대 조선교구장 블랑 주교가 성당 부지매입에 나섰고, 1887년 한불수호통상조약이 비준된 뒤 언덕을 깎아내는 정지작업이 시작됐다. 조정과의 부지 소유권 분쟁에 휘말려 기공식은 1892년 5월 8일에 가서야 있게 된다. 6년간에 걸친 공사 비용은 성당 축성 직후의 독립신문 등 기사를 볼 때 당시 돈으로 약 6만 달러가 소요된 것으로 추정된다. 건립비는 부지 매수 비용을 포함해 대부분 파리외방전교회의 재정지원에 의한 것이었으나 신도들의 노력봉사와 성금도 적지 않았던 것으로 보인다. 벽돌은 대부분 조선 정부에서 기와를 굽던, 진흙땅이 있던 용산 한강통 연와소에서 제작해 조달했고, 벽돌공과 미장이, 목수는 청나라에서 초빙했다. 완공까지에는 인부들의 잇단 사상(死傷)과 자금난에, 블랑 주교와 설계자인 코스트 신부의 사망까지 겹쳐 수차례 공사가 중단되는 어려움을 겪었다. 1890년부터 1932년까지 제8대 조선교구장 뮈텔 주교가 기록한 일기에선 당시의 상황이 생생하게 읽혀진다.

　마침내 성당이 위용을 드러낸 것은 1898년 5월 29일. 주한 외교사절과 조선 정부의 고위관리들, 재한 프랑스 선교사들, 한국 신부들과 신자 등 3,000여 명이 참석한 가운데 장엄한 축성식이 열렸다.

10 절두산 천주교 순교 성지

▲병인박해 100년을 맞아 한국 천주교가 세워놓은 절두산 순교기념관. 한국 천주교 사상 가장 혹독했다는 병인박해 때 수천 명이 휘광이의 칼날에 목숨을 잃은 최대 순교성지로 연간 30만 명의 순례객들이 찾고 있다.

1만 명에서 많게는 2만 명의 순교자를 냈다는 이 땅의 천주교 역사는 그야말로 처절한 박해의 점철이다. '박해의 역사' 란 말 그대로 곳곳에는 목숨을 던져 신앙을 지켜낸 천주교 선구들의 외침을 소리 없이 전하는 흔적들이 산재해 있다. '휘광이' (천주교에서 망나니를 부르는 말)의 칼날 아래 피를 뿌리며 스러져간 숱한 순교자들 가운데 지금까지 성인 품에 오른 이는 103위이다. 지난 1984년 시성(諡聖)되어 성인의 반열에 오른 이들 103위의 영혼은 뒤늦게나마 위로받은 채 빛을 발했다. 하지만 아직도 그 존재조차 인정받지 못한 순교자들은 부지기수다. 전국의 천주교 순교 터 가운데 절두산 성지(서울 마포구 합정동 96의 1, 사적 399호)는 이름나지 않은 무명의 초기 신자들이 가장 많이 피를 흘린 성지이다.

　'절두산' (切頭山). 이름만 들어도 소름이 돋는 순교 터이다. 수천 명(3,000~7,000명)이 이곳에서 목숨

▼성당 외벽에 설치한 순교자 26위 부조.

▲순례성당 내부. 천정의 둥근 스테인드글라스를 통해 쏟아지는 빛이 공중에 걸린 십자가와 목에 칼을 쓴 순교자 형상의 해설대를 환히 비춘다.

을 잃은 것으로 알려져 있지만 정작 신원이 파악된 순교자는 고작 29명에 불과하다. 그나마 24명만 이름과 행적이 확인됐고, 나머지 5명은 이름만 겨우 알 수 있을 뿐이다.

● 교황 요한 바오로 2세 참배

지난 1984년 한국 천주교 200주년 기념행사 참석차 한국에 온 교황 요한 바오로 2세가 공항에서 곧바로 직행해 참배했던 곳도 이곳이다. 이 땅에선 어떤 험한 일이 있었을까.

옛 양화진 일대를 포함하여 사적지로 지정된 이 순교 성지는 지금의 이름과는 달리 원래 경치가 빼어나기로 유명했던 곳. 양화진 동쪽 봉우리의 절두산은 〈동국여지승람〉이며 〈세종실록〉 등에 '머리를 높이 든 형상', 혹은 '누에가 머리를 치켜든 형세'라 하여 '가을두(加乙頭)'니 '잠두봉(蠶頭峰)'의 이름으로 전한다.

'동국여지승람'에서 강희맹은 그 형상을 이렇게 설명하고 있다.

"서호는 도성에서 10리도 안 되게 떨어져 있는데, 산이 푸르고 물이 푸르러 형승이 나라에서 제일 간다. 호수 남쪽에 끊어진 언덕이 있는데 형상이 큰 자라 머리 같으며, 혹은 잠두라고 불린다."

그 말마따나 늘상 풍류객들이 산수를 즐기고 나루 손들이 그늘을 찾던 평화로운 곳으로, 중국의 사신이 오면 반드시 유람선을 띄웠다고 한다. 그렇듯 한가롭게 명승을 이루던 양화나루와 잠두봉이 피비린내 나는 '절두'의 극형지로 변한 것은 바로 병인년인 1866년의 병인양요 때문이다.

그 해 두 차례의 프랑스 함대가 양화진까지 침입해온 배경에 천주교 신자들이 있었음을 확인한 대원군과 조정이 박해의 칼을 들었다.

"양이(洋夷)로 더럽혀진 한강 물을 서학(西學) 무리들의 피로 씻어야 한다"며 프랑스 함대가 처들어온 바로 그 양화진을 보란 듯이 사형지로 삼은 것이다. 당시 절두산에서 처형을 하기 전 내건 포고문에서 "천주교인들 때문에 오랑캐들이 여기까지 왔다. 그들 때문에 우리의 강물이 서양의 배로 더럽혀졌다. 그들의 피로 이 더러움을 씻어내야 한다"는 내용이 확인되었다고 한다.

교회사연구소와 순교자 현양위원회가 조사한 대로라면 이곳에서

▲순교기념관 정면에 세운 '순교자를 위한 기념상'.

▲성당 지하의 성해실. 순교 성인 27위와 무명 순교자 1위의 유해가 봉안됐다. 교황 요한 바오로 2세가 방한해 가장 먼저 찾은 곳이다.

휘광이의 칼이 피를 뿌렸던 시기는 1866년 10월부터 이듬해 7월까지였다.

황해도 출신으로 시흥 봉천동에서 잡혀온 이의송(프란치스코)과 그의 아내 김엇분(마리아), 아들 붕익(바오로)이 순교한 것을 시작으로 수천 명이 9개월간 차례로 목숨을 잃어간 것이다. 절두산에서 천주교 신자들이 처형되는 동안 천주교 신자들의 주 처형지였던 새남터와 서소문 밖 네거리에선 형이 집행되지 않았다고 한다.

당시 조정에서 얼마만큼 절두산 처형을 집요하게 진행했는지를 알 수 있다. 당시에도 재판의 형식과 절차가 있었을 터이지만 절두산의 처형은 무지막지한 선참후계(先斬後啓)였다.

▲순교기념관 앞 야외전시장의 형구돌. 앞 구멍에 머리를 대고 목에 밧줄을 건 뒤 뒷구멍에서 잡아당겨 질식시키는 교수형 집행기구이다.

● 순례성당·박물관 등 웅장하게 세워져

"일단 먼저 머리를 자르고 본다"는 것이었다. 그래서 이곳 순교자들에 관한 기록은 29명만 빼놓곤 아무 것도 남아 있지 않다.

이곳을 성지로 삼은 천주교계는 1962년 '가톨릭 순교성지' 기념탑을 세웠다가 병인박해 100주년을 맞은 1966년 기공식을 갖고, 그 이듬해에 종탑과 순례성당, 박물관으로 구성된 절두산기념관을 웅장하게 세워놓았다. 사제관을 겸한 순교성인시성기념관을 지나 야외전시장으로 발길을 옮기다 보면 오른쪽에 3층의 기념관이 우뚝 섰다. 순교자기념상을 쳐다보면서 오른쪽 경사로를 따라 오르면 가장 먼저 '절두산'이라 새긴 바윗돌이 섬뜩하게 다가온다. 계단과 소로를 조금 더 올라 꼭대기에 닿으면 형 집행 때 썼던 형구들을 전시해

천주교·161

▲절두산 순교성지에 조성해놓은 야외전시장. 순교자와 가족들의 행적이 고스란히 남아있다.

놓은 진열장이 당시 처형장의 분위기를 전한다.

진열장 정면에 박물관, 그 오른쪽에 성당 출입문이 따로 나 있다.

기념관은 잠두봉의 지형을 그대로 살린 채 순교자들의 정신을 오롯이 담았다고 한다.

성당 안에 들어서면 전통 갓의 모양을 한 돔 형태의 스테인드글라스 천장에서 쏟아지는 빛이 중앙 제대와 독서대, 해설대, 감실을 환히 비춘다. 양쪽 벽을 두른 14처며 천장에서 제대 앞으로 내리건 십자고상, 부활절에만 밝힌다는 제대 옆 부활초, 죄인이 목에 쓰는 칼을 형상화한 독서대의 모습이 독특하다.

● 순례객들 발길 끊이지 않아

신자석 오른쪽으로 난 계단을 내려서면 바로 성해실. 교황 요한 바오로 2세가 가장 먼저 찾은 공간으로 순교 성인 27위와 무명 순교자 1위가 모셔져 있다. 왼쪽 위에는 빈 공간이 마련된 채 앞으로 봉안될 순교자 6위를 기다리고 있다.

바로 옆 박물관은 그야말로 한국 천주교 박해의 모든 것을 볼 수 있는 공간. 절두산 순교뿐만 아니라 한국 교회의 발자취를 한눈에 볼 수 있도록 꾸며놓았다. 초대 교회 창설을 보여주는 이벽, 이가환, 정약용의 유물과 순교자 유품, 형구(刑具)들이 고스란히 남아 있으며 한국의 두 번째 사제인 최양업 신부 일대기 31점을 포함해 유중철 요한, 이순이 루갈다 동정부부 일대기 27점도 들어 있다.

박물관에서 나와 야외전시장으로 내려서면 병인박해 때 교수형을 집행하던 형구들이며 희생자들의 행적을 재현해 놓은 갖가지 전시물들이 당시의 상황을 생생하게 전한다.

김대건 신부 동상을 비롯해 오타 줄리아의 묘,

▲박물관 입구 오른쪽 '순교자의 모후상'. 치마 저고리 등 한국적 분위기의 성모 마리아상으로 '안수 성모상'이라고도 불린다.

박순집의 묘, 남종삼 성인의 흉상과 사적비가 순례객들을 차례로 맞는다. 한 집안 열여섯 명이 한꺼번에 희생된 박순집 일가의 이야기를 새긴 비석 앞에는 순례객들의 발길이 끊이지 않는다.

순교 성지를 다지기 위한 작업이 한창일 무렵 "너무 많은 사람의 목을 잘라 절두산으로 부른다"는 주민들의 증언을 계기로 이름이 붙여졌다는 '절두산 성지'.

무명 순교자들의 정신을 기리고 위로하기 위해 천주교계가 어렵사리 마련해 놓았지만 그 형세는 마치 칼을 쓰고 처형을 기다리는 순교자의 모습을 닮아 있어 순례객들을 안타깝게 한다.

기념관과 사제관 앞쪽을 가로지르는 당산철교와 성당 아래쪽 강변북로, 일산 방향으로 뻗은 지하차도가 'ㄷ자' 모양으로 성지를 옥죄고 있다.

한국 천주교 사상 가장 혹독했다는 '병인박해'의 순교자들은 지금도 신음하고 있는 것이 아닐까.

■정확한 순교 위치는 어디?

수천 명 천주교 신자의 목숨을 빼앗은 절두산 순교 성지. 그 많은 순교자들이 희생된 처형장의 위치를 놓고 천주교계는 엇갈린 견해를 보이고 있다. 정확한 처형 장소는 어디일까?

일반적으로 알려진 처형장은 절두산 잠두봉 꼭대기인 지금의 순례성당 제대 뒤쪽의 이른바 '치명터'. 어차피 신자들의 처형 장면을 사람들이 잘 볼 수 있는 곳을 택했다면 한강에 인접한 봉우리 꼭대기였을 것이라는 판단에 따른 것이다.

실제로 천주교계가 성지 조성을 하면서 접촉한 주민들은 "절두산 꼭대기에서 칼로 신자들의 목을 쳐서 그 시신을 강물에 던졌다." "한 오랏줄에 여러 명의 교우들을 결박하여 산 채로 낭떠러지 밑 강물로 밀었다"는 말을 들은 것으로 증언했다고 한다.

이 같은 증언을 토대로 순교자 기념탑을 절두산 꼭대기에 세웠고, 나중에 이 탑을 헐고 마련한 기념관과 성당도 그 자리였다는 것이다.

그러나 최근 들어 많은 사람들이 올라 형을 집행하기엔 절두산 꼭대기가 비좁고, 각종 기록과 증언으로 미루어 볼 때 양화나루 앞 길가 평지가 처형지였다는 주장이 더 설득력을 얻고 있다. 이 같은 입장은 정부 측의 관련 자료나 교인들의 증언집인 '병인박해 순교자 증언록' '치명일기'에서 모두 처형지를 절두산 꼭대기가 아닌 '양화진두' '양화진 진터' '양화진 진' '양화진' 등으로 밝히고 있다는 근거를 들고 있다.

"양화진두에서 군민을 많이 모아놓고 천주교 신자들의 목을 베어 머리를 달아 대중들을 경계시켰다"라는 정부 측 기록의 '진두'와 천주교회 측 자료의 '양화진 진터' '양화진 진' '양화진'이 일치하고 있다는 주장이다. 이런 근거로 미루어 순교 장소는 당산철교로 인해 순교기념관에서 성지가 분할된 동쪽의 꾸르실료 건물, 즉 세계성체대회기념교육관과 잠두봉의 중간 어느 지점일 가능성이 크다는 것이다.

11 한국 천주교 발상지
천진암

▲세계 천주교사상 유례없는 '자생신앙'의 특징을 갖는 한국 천주교의 발상지 천진암에 세워질 '천진암대성당' 터. 100년에 걸쳐 한국 천주교계 최대의 성당으로 지어 신앙 선조들의 정신을 되살려낸다는 야심찬 계획이 추진되고 있다.

▲천진암 성지 입구. '한국천주교발상지' '천진암성지'라 새겨진 기둥 뒷쪽 멀리 십자가 너머에 대성당이 들어선다.

한국 천주교는 외래의 선교사나 성직자 도움 없이 이 땅의 사람들이 스스로 일으킨 '자생신앙'이란 자부심을 갖는다. 세계적으로 유례를 찾아볼 수 없는 자생신앙 한국 천주교의 태동지가 바로 천진암(天眞菴·경기도 광주시 퇴촌면 우산리 산500)이다. 한국 천주교의 발상지이면서 불교와 유교를 빼고 설명할 수 없는, 유불천(儒佛天)의 합류지 천진암. 이 천주교 발상지에서는 지금 유불천의 만남을 거스르지 않은 채 천주교 선조들의 정신을 오롯이 되살려내기 위한 독특한 성역화 작업이 한창 진행 중이다.

지난 1984년 서울 여의도공원에서 열린 한국 순교성인 103위의 시성(諡聖·천주교에서 성인품을 인정하는 공식적인 절차)식 때 교황 요한 바오로 2세는 이런 강론을 남겼다.

"한국의 저 평신도들, 즉 한국의 철학자들과 학자들의 모임인 한 단체는 중대한 위험을 무릅쓰면서 당시 북경천주교회와의 접촉을 과감히 시도하였고, 특히 새로운 교리서적들을 읽고 그들 스스로가 알기 시작한 신앙에 관하여 자기들을 밝혀줄 수 있을 천주교 신자들을 찾아 나섰습니다. 남녀 이 평신도들은 마땅히 한국 천주교회 창립자들이라고 해야 하며… (중략) …1779년부터 1835년까지 56년간이나 저들은 사제들의 도움 없이 자기들의 조국에 복음의 씨를 뿌렸으며, 1836년 프랑스 선교사들이 처음으로 한국에 도착할 때까지 성직자 없이 자기들끼리 교회를 세우고 발전시켰으며, 그리스도에 대한 신앙을 위해 목숨까지 바쳤습니다."

세계인의 관심을 모은 시성식장에서 로마 가톨릭의 최고 수장인 교황이 한국 천주교의 자생신앙을 만천하에 알린 것이다. 그런데 교황이 강론 첫

▼천진암대성당 터. 지반과 기초 공사를 끝내고 중앙 제대석과 머릿돌만 덩그마니 놓였지만 대성당 건립을 향한 신도들의 열기가 뜨겁다.

▲대성당이 설 때까지 미사가 열리는 성모경당. 신앙 선조들의 친필 등 유물이 가득히 진열되어 있다.

머리에 세세하게 강조한 '한국 천주교회 창립자들'이란 누구일까.

바로 천진암에 모여 천주교를 공부했던 이벽(1754-1785) · 이승훈(1756-1801) · 권일신(1742-1791) · 권철신(1736-1801) · 정약종(1760-1801), 그러니까 천주교계에서 말하는 이른바 '5인의 성조(聖祖)'를 말한다.

천진(天眞)이란 산제사나 당산제, 산신제 등을 지낼 때 모셨던 단군의 영정(影幀). 1950년대까지만 해도 시골에선 이 천진을 모시고 제를 지내던 천진각이나 천진당이라는 작은 초가집들을 어렵지 않게 볼 수 있었다고 한다.

여러 사료들을 들여다보면 천진암은 원래 천진당이 있던 자리였다. 불교의 천진암(天眞庵)이 들어섰다가 폐찰이 되었고, 한때 종이를 만드는 곳으로 쓰였으며, 나중에는 대궐의 음식 장만하는 일을 관장하던 사옹원의 관리를 받기도 했다.

▲천진암 자리에 한국 천주교를 창립한 이벽 등 5인의 성조(聖祖) 유해를 모신 성인 묘역.

"천진암은 다 허물어져 옛 모습이 하나도 없다. 요사체는 반이나 무너져 빈 터가 되었네."(1779년경 정약용). "천진암은 오래된 헌 절인데 종이를 만드는 곳으로 쓰이다가 이제는 사옹원에서 관리하고 있다."(1797년 홍경모의 '남한지'). "젊은 선비들과 함께 이벽 성조께서 강학을 하던 곳은 쓰지 않는 폐찰이었다."(1850년 다블뤼 주교).

이벽을 중심으로 이른바 '5인의 성조'들이 모여 공부할 무렵의 천진암은 거의 허물어져 가는 초라한 폐찰이었다. 당시 일반 집과 서당, 사찰에서 생소한 천주교 책을 읽고 토론하기란 아주 어려웠을 터. 이들은 남들의 눈을 피해 외딴 곳을 물색, 바로 천진암을 공부방으로 삼았던 것이다. 1779년 이곳에서 강학회를 결성한 뒤 약 5년간 천주교리 연구와 강의, 공동신앙생활을 하며 천주교회를 창립했다.

교회라야 이들 5명과 이들의 뜻에 동참한 정약전, 정약용, 권상학, 김원성, 이총억, 그리고 그 가족들이 전부. 대부분 당대의 명망 높은 남인(南人) 계열 집안의 인물들이었음을 알 수 있다. 그래서 천진암을 자주 찾아 천진암에 얽힌 시를 90여 편이나 남겼던 정약용이 대부분의 시에서 천진암의 '암' 자를 '庵' 이 아닌, 남인 학자들의 호 돌림자 '菴' 으로 썼던 것일까.

'5인의 성조' 와 동지들은 학문을 연마하던 강학회를 종교 신앙의 수련회로 발전시켰고, 신·구약 성경 내용을 서사시 형태로 집약한 '성교요지' 며 '천주공경가' 를 지어 부르며 허술하나마 교회활동을 했던 것으로 전해진다. 쟁쟁한 유가의 10~20대 선비들이 불교 암자에서 천주학을 공부하고 실천했으니 묘한 조합이 아닐 수 없다.

이들은 함께 공부했던 강학자 이승훈을 베이징으로 보내 영세 받도록 했으며, 한국인 최초의 영세자인 이승훈은 귀국 후 이벽에게 영세를 주었다.

5년간의 천진암 시대를 마감한 이들은 이벽의 집이 있던 서울 수표동으로 옮겨 중인들과 상인들을 교회로 불러 모았으며, 이후 명동성당 인근 명례방 김범우의 집에서 본격적인 집회를 시작했던 것이다.

▼천진암대성당 터에 놓여있는 중앙 제대석. 중앙 제대석은 성당이 완공된 뒤 성당 중앙으로 옮겨져 미사와 의식의 중심이 된다.

천진암은 이렇듯 중요한 한국 천주교의 성지이지만 1980년 전까지만 해도 잘 알려지

▲한국 천주교 창립의 핵심 인물이었던 이벽의 친필 성모경당에 전시되어 있다.

지 않았었다. 한국의 천주교회가 교회사 정리를 하면서 외국 선교사들의 문헌에만 의존했던 탓에 이들 선교사의 관심 밖에 있었던 천진암이 철저하게 외면당했던 것이다.

그러던 참에 천주교 수원교구 사무국장을 맡고 있던 변기영 몬시뇰이 1975년부터 자료를 모으기 시작했고, 1981년 '한국 천주교발상지 천진암성역화위원회'를 구성, 이곳에 한국 천주교 200년 기념 '천진암대성당'을 세우기 위한 큰 사업을 진행해오고 있다. '한민족 100년 계획 천진암대성당' 말고도 천주교 선구들의 유물 2,000점을 담을 '천진암박물관'을 비롯해 '천진암관상공동체' '한국천주교회창립사연구원' '한국신학연구원' '신도수련원'을 포함하는 대규모 사업이다.

이벽을 포함한 '5인의 성조'는 모두 박해를 받아 모진 매질 끝에 옥사하거나 참수당해 순교했다. '한민족 100년 계획 천진암대성당' 터를 지나 산길을 오르면 왼편에 '한국 천주교 창립 성현 5인 묘역'이라 쓴 푯말이 눈에 든다. 한국 천주교를 창립한 성조 5인의 유해를 옮겨 이장한 곳이다. 반대쪽엔 그 가족묘역이 조성되었다.

묘역 초입에 '한국천주교발상지 천진암터'라 쓴 비석을 올려다보며 산길을 오르면 '강학회터'라 새긴 표석이 눈에 든다. 천주교리를 공부하고 교회활동을 처음 시작했던 바로 그 자리. 덩그마니 표석 하나만 남았지만 젊은 선비, 아니 천주교인들이 머리를 맞대고 혈기를 나누던 현장에선 숙연해지지 않을 수 없다.

이들 5인의 묘를 봉안한 곳이 바로 옛 천진암 터. 가운데 '세자 요한 광암 이벽'이라 새긴 이벽의 묘를 중심으로 왼쪽에 정약종·이승훈, 오른쪽에 권철신·권일신의 묘가 나란히 모셔져 있다.

선교사가 들어오기도 훨씬 전 앞서서 천주교 신앙을 받아들여 연구하고 교회로 발전시키다가 순교한 한국 천주교의 선구들. 목숨을 던져 신앙을 창시하고 지키다 희생한 선조들이지만 정작 본인들은 성인의 반열에 오르지 못한 채 옛 신앙 터만 소리 없이 지키고 있다.

■ '천진암대성당'은 어떻게 짓나

천진암성역화 작업의 핵심은 아무래도 '한민족 100년 계획 천진암대성당'. 이름 그대로 한국 천주교 발상지에 100년에 걸쳐 기념 성당을 우뚝 세워놓겠다는 것이다. 천진암의 성격에 맞춰 지붕은 사찰 대웅전의 처마형태를 갖춘 기와지붕, 외벽은 유교 서원의 골격, 내부는 천주교 성당 양식을 택해 그야말로 '유불천'의 조화를 이룬다.

99만m^2 넓이의 성지에 대성당을 중심으로 조성되는 광장이 16만5000m^2, 성당 터만 해도 2만6000m^2(좌석수 3만석). 성당의 높이는 기단~2층 50m에 지붕 부분 35m를 포함하면 전체 85m. 길이도 동서와 남북의 길이가 각각 195m에 달한다.

성당 넓이는 1층 2만6800m^2, 2층 1만8600m^2. 기둥만 해도 42개가 세워진다. 벽과 기둥, 기단에는 사방 1m 크기의 한국산 화강암 10만 개가 쓰이며 모든 돌에는 돌값을 봉헌한 사람의 이름과 봉헌번호, 봉헌연도가 새겨진다. 제대는 중앙 제대를 포함해 1, 2층에 걸쳐 모두 55개.

지금은 지반 등 성당 터 닦기 공사만 마쳐 휑한 모습. 성당 터 맨 위쪽에 1994년 축성식 때 마련한 86t짜리 중앙 제대석이 놓였고, 그 앞에 1993년 교황 요한 바오로 2세가 강복문을 직접 써 안치한 대성당 머릿돌(초석)이 있다.

5년 내에 철골·지붕공사를 끝낼 수 있을 것으로 보이며 그때부터는 미사도 진행할 수 있다. 임시 성당격인 성모경당을 대성당 터 위에 지어놓았으며 대성당 완공 때까지 이곳에서 미사를 진행한다.

외벽과 장식까지 포함해 20여년 안엔 모든 공사를 완성할 수 있다는 게 변기영 몬시뇰의 귀띔이다. 예상 공사비는 골조공사 500억원, 조적공사 500억원 등 총 1000억원. 100년간 연평균 10억원이 들어가는 대규모 공사다. 현재 국내외 천주교 신자들의 모임인 천진회를 비롯, 전국의 신도들이 월 1만원씩 추렴해 건립비용을 조달하고 있으며 다른 종교의 신자들도 힘을 보태고 있다고 한다.

불교

한국 불교 1번지 조계사 대웅전

화엄의 세계 압축판 영주 부석사

불상 없는 적멸궁(寂滅宮) 통도사

석가 진신사리 모신 오대산 상원사

법이 머무는 곳 법주사 팔상전(捌相殿)

효(孝) 본찰 화성 용주사

천불 천탑의 야외 법당 화순 운주사

흐트러지지 않는 ㅁ자 가람 부안 능가산 내소사

국내 유일의 일본식 사찰 군산 동국사

500년 만에 복원된 개성 영통사

01 한국 불교 1번지
조계사 대웅전

▲불교를 통제하려는 일제의 음욕과 흩어진 불교의 구심처를 세우기 위한 불교계의 고육 사이에서 줄다리기 끝에 탄생한 조계사 대웅전. 후기 불교양식과 조선의 궁궐 건축양식이 혼합된 한국 최대의 목조건물로 평가받는다.(ⓒ계영석)

▲우여곡절 끝에 세워진 조계사 일주문. 조계사 도량 정비의 첫 불사로 우뚝 세워졌다.

'한국 불교 1번지' 조계사(서울 종로구 견지동 45번지) 대웅전. 일제치하 불교 총본산으로 세워져 지금은 조계종 직할교구본사 본당의 위상을 갖는 건물이다. 조선시대 억불숭유책에 따라 막혀 있던 승려의 도성출입이 허용되면서 불교계의 중지를 모아 건립된 불당으로, 단일 목조건물론 국내 최대 규모. 조선후기 전통사찰 불전과 궁궐 양식이 혼합된 대웅전에는 일제에 시달렸던 우리 민족의 한과 암울했던 시절 불교중흥을 위한 불교계의 염원이 함께 서려 있다.

'4방에 계단을 둔 단층 석조 기단 위 정면 7칸, 측면 4칸의 평면에 외부 22개의 평주, 내부 12개의 고주를 세워 다포계 단층 팔작지붕을 얹은 514.74㎡ 규모의 남향 불전.'

조계사 대웅전 앞에 서면 법당은 물론 기단과 공포(栱包, 처마 끝을

▲대웅전 내부의 장중한 공포. 전통적인 불교 건물에 흔한 연꽃무늬 새김인 연화당초각(蓮花唐草刻)을 썼지만 조선 말기 궁전 건물보다 규모가 훨씬 더 크다.

받치는 기둥머리에 맞추어댄 나무쪽)의 크기에 압도당한다. 조선 후기 불교 건축양식에 충실하려 애쓴 흔적이 역력하며, 조선 왕조의 궁전보다 더 장대하고 화려한 외양을 갖추고 있다.

우선 대웅전을 받치고 있는 기단. 높이가 160cm에 이르는 단층 석조인데 경복궁 근정전을 포함해 어느 궁전의 기단보다도 높다. 다음은 공포. 외부 5출목, 내부 7출목으로 짠 다포계로 경복궁 근정전, 창덕궁 인정전, 덕수궁 중화전 등 당시 가장 규모가 컸던 궁전보다 안팎으로 2출목씩이나 더 많을 만큼 장중하다.

대웅전 천장 높이는 자그마치 8.5m. 대웅전 디자인을 비롯해 곳곳에 스며있는 궁궐 양식도 눈길을 끈다. 외벽 큰 기둥을 받친 장초석은 경복궁 집옥재(1873년)의 것과 비슷하며 기단 전면에 일렬로 배치한 석조 동물상 중 해태상도 궁정에서만 볼 수 있는 전통이다. 불전에 궁궐 양식을 쓴 것은 당시 불교계가 얼마만큼 이 건물을 중시했는지를 엿볼 수 있는 부분이다.

대웅전 건립을 맡았던 도편수와 부편수는 모두 궁궐 재건공사를 지휘했던 인물들이다. 특히 도편수 최원식은 1920년대 창덕궁 대조전 재건 공사를 총지휘한 도편수로 대웅전 건립을 위해 경복궁과 덕

▲대웅전 지붕의 용두(龍頭) 망새. 그 늘진 모서리의 풍경과 묘한 조화를 이룬다.

수궁을 여러 차례 시찰하였다는 기록이 전해진다. 당시 설계 담당이며 관리직들은 모두 이왕직(李王職) 영선과 소속 일본인으로 돼 있었으나 사실상 대웅전 건립은 모두 한국인들의 손에 의해 이루어졌던 것이다. 불상을 모신 불단은 폭 14.57m, 높이 2.3m의 초대형. 지난 2004년부터 대웅전 해체 보수공사를 하면서 강원도 홍송으로 교체했다.

불단 위에 세워진 불상의 크기도 단일 목조건물에 들어선 불상으로는 국내 최대 크기다. 석가모니 부처님을 중심으로 좌우에 약사여래 부처님과 아미타여래 부처님이 협시하고 있는데 각각 5m20cm 크기다. 모두 2006년 11월 모셔졌다. 대웅전 건립 당시부터 2006년까지 대웅전에 있던 부처님은 총본산 건설 당시 전남 영암 도갑사에서 옮겨온 것이다. 이 불상은 조선 세조 때 만들어진 것으로 추정되는데, 그 당시 제작된 목조불상의 경우 남아있는 것이 거의 없어 학술적으로도 높은 평가를 받고 있다. 이 불상은 새 전각을 만들어 옮길 예정이며, 지금은 새로 조성된 불상의 왼쪽에 임시로 모셔져 있다.

대웅전 정면은 전혀 벽이 없이 모두 꽃판문과 꽃판창으로 처리됐는데 안쪽에는 천부중·신중, 바깥쪽에는 새로 그려진 불전도가 장엄되어 있다. 바닥은 원래 다다미가 깔려 있었지만 불단과 함께 강원도 홍송 마루로 바뀌었다.

그런데 조계사의 원래 이름이 '태고사'였고 대웅전도 증산도 원류인 민족종교 보천교의 본당인 '십일전(十一殿)'을 옮겨지은 것이라는 사실을 아는 이는 많지 않다.

먼저 태고사는 일제하에서 한국 불교를 지켜내려는 당시 불교계의 눈물겨운 노력이 담긴 이름. 일제의 민족말살책에서 불교계도 예외는 아니었다. 일제가 불교계를 통제하려는 사찰령을 시행한 데 이어 본격적으로 칼을 들이댄 게 바로 총본산 건립이다. 식민지 시절인 만큼 불교계의 통일기관인 총본산 설치에 총독부의 입김이 작용했을 터이지만 나름대로 한국 불교의 맥을 지키기 위해 불교계가 뭉쳤다. 1935년 8월 전국 31본산 주지회의 이후 '조선불교선교양종종무원'이란 대표기관을 설치한 데 이어 한국 불교 1번지의 위상을 갖는 사찰을 세운다는 원칙 아래 인근 각황사 교당 개축에 뜻을 모은 것이다.

각황사는 지금의 조계사 옆 수송공원에 있던 한국 최초의 불교 포교당. 이 각황사를 헐어 지금의 조계사 자리로 이전한다는 것이었는데 새로 대웅전을 건립하고도 그 명칭을 확정짓지 못하다가 고심 끝에 한국 불교의 법통을 태고 보우에서 찾는다는 뜻에서 삼각산(현 북한산)의 태고사로 정해 총독부에 신청한 것이다. 태고사는 전국승려

▲불단 위에 2006년 새로 봉안된 삼존불. 단일 목조건물의 불상 중 가장 크다.(ⓒ계영석)

대회 이후 소유권 다툼이 법정으로 비화한 끝에 1975년 6월에야 명칭이 조계사로 변경되었다.

그러면 왜 하필 보천교 십일전을 옮겨왔을까. 아무래도 당시 신도가 12만 명에 불과했던 불교계 형편상 기존 건물을 옮겨짓는 것이 비용절감에 긴요했고, 무엇보다 보천교가 일제에 강하게 맞서 일제에게도 위협적인 종교란 점에 착안했던 것 같다.

조계사 대웅전은 단순히 불교의 한 가람에 머물지 않고 있음을 보여주는 대목이다. 보천교는 한때 신도가 200만 명에 달할 정도로 교세가 컸다. 1928년 당시 전북 정읍의 보천교 본소는 지금의 조계사 대웅전, 내장사 대웅전 같은 건축물이 45채나 들어섰을 만큼 엄청난 규모였다. 특히 십일전은 일제가 남산에 설치한 조선 신궁(神社)에 대응해 지은 건물이란 점에 주목할 필요가 있다.

교주 차경석이 사망한 뒤 일제는 대대적인 보천교 말살에 나서 결국 십일전을 강제로 헐값(1만 2000원, 당시 쌀 한 가마 값은 5원30전)에 사들였는데 불교계가 이것을 매입해 옮긴 것이다. 대웅전 기둥과 대들보는 십일전의 것을 그대로 옮겨 세웠으며 형태도 사실상 십일전의 것과 크게 다르지 않다.

조계사 대웅전이 낙성된 것은 1938년 10월 25일. 건립엔 총 17만원이 소요됐으며 기술자는 목공 7,000명, 와공(瓦工) 200명을 포함해 6,500명, 인부는 6만 5,000명이 동원됐다. 당시 만해 한용운은 '총본산 건설의 재인식'(1938년 '불교' 신제17집)이란 글에서 대웅전의 규모를 말하면서 "만일 이 건물을 신축하자면 최소한도 100만원은 초과치 아니하면 안 되겠다고 하니 얼마나 훌륭한 집인가"라고 적고 있다. 그야말로 19~20세기를 통틀어 한국 최대의 건축 불사(佛事)였던

▲대웅전 팔작지붕을 장식한 단청. 대웅전 해체공사를 하면서 기존 문양은 그대로 유지한 채 밝은 색채를 강조해 새로 들였다.

셈이다.

조계사는 지난 2004년부터 대웅전 해체 보수공사를 하면서 "전통사찰 양식에 충실한다"는 원칙을 세워 기둥과 지붕 등 기본 골격과 구조물은 변형하지 않기로 했으나 실제로는 많은 부분이 바뀌어 전문가들의 빈축을 샀다. 우선 천장을 민반자로 완전히 바꾸면서 천장에 있던 그림들이 모두 철거됐고, 자개 장식의 불단도 완전히 바뀌었는가 하면 새로 봉안된 3존불 위 전통양식의 닫집을 설치하면서 기존의 장식이 모두 없어져 버렸다.

이강근 경주대 교수(미술사학)는 "전통사찰 양식도 중요하지만 나름대로의 의미를 갖는 문화재의 구조물들을 교체하는 것은 역사인식의 결여를 보여주는 큰 오류"라고 말한다.

이 대웅전 해체 보수공사를 시작으로 조계사에는 종각과 보제루·영산전이 새로 들어서 환골탈태하게 된다. 경내에 있는 여관인 현대장도 헐렸으며, 그 자리에 24시간 개방형 시민선방이 세워진다.

조계사 주지 원담 스님은 "조계사는 서울 중심에 위치한 대표적인 신중도량으로 한국 불교의 견인차 역할을 계속하게 될 것"이라고 힘주어 말한다. 한국 불교 1번지의 위상에 맞지 않게 사찰 형태가 초라하고 급하게 지은 대웅전도 전통 사찰양식에서 비켜난 부분이 많아 해체보수를 했으며, 앞으로도 한국 불교 고유의 모습을 되살리는데 힘쓰겠단다.

02 화엄의 세계 압축판
영주 부석사

▲범종루에서 올려다본 부석사. 신라통일기인 676년 의상 대사가 원력을 세워 일군 1300년 화엄 종찰로, 창건주와 창건연대가 명확하다. 천왕문에서 구품 만다라를 상징하는 9개의 석축을 따라 108계단을 차례로 오르다 보면 안양루(가운데 건물)를 지나 극락의 영역인 무량수전(맨 위 건물)에 다다르게 된다.

▲의상대사가 화엄의 정신을 조형으로 구현한 부석사의 정점, 무량수전. 살짝 치켜 올린 처마며 법당을 떠받치는 배흘림기둥 등의 건축양식이 일품으로 한국에서 가장 아름다운 목조건물로 꼽힌다.

백두대간이 내달리다 경상북도와 충청북도를 가르는 태백산에서 꺾어 내린 봉황산 중턱에 마치 잘 그린 '한 폭의 그림'처럼 들어앉은 부석사(경북 영주시 부석면 북지리). 중국에서 유학한 의상 대사가 신라통일기인 676년 화엄종을 들여와 '해동 화엄종 수사찰(海東 華嚴宗 首寺刹)'로 세운 한국의 화엄종찰이다. '우리나라 10대 사찰' 중 하나이자 '나라에서 가장 예쁘며 웅장한 절집'으로 통하는 1300년 고찰. 지금은 조계종 제16교구 본사인 고운사의 말사로 사격이 떨어졌지만 한국 불교의 '처음'으로 평가받는 화엄과 한국 불교의 요체인 선(禪)이 아름답게 조화를 이루는 화엄세계의 결정판이다.

중국에서 지엄 스님을 스승으로 모시고 화엄(華嚴)을 깨친 뒤 돌아온 의상 대사가 화엄종지를 펼 곳을 찾아다니다가 낙점한 곳이 바로 부석사. "신라 문무왕 16년(676) 왕명에 의해 의상 대사가 창건했다"는 기록이 '삼국사기'에 들어 있어 창건주와 창건연대가 명확한 몇 안 되는 고찰 중 하나다. 9세기 이후부터 크고 작은 가람들이 들어섰고 고승대덕들을 숱하게 배출했지만 고려 공민왕 7년(1358) 왜구에 의해 소실된 것을 1376년 원응 스님이 중창에 나서 많은 건물을 다시 세웠다. "이름 없는 꽃을 포함한 수많은 종류의 꽃으로 법계(法界)를 아름답게 장식한다"는 화엄. 부석사는 이 화엄정신을 오롯이 담아낸 유일무이의 걸작인 것이다.

▲무량수전 정면의 배흘림기둥.

'태백산 부석사' 현판이 걸린 절의 첫 문, 일주문을 들어선 뒤 천왕문~범종루~안양루~무량수전으로 오르는 길은 그야말로 극락정토로 이르는 찰나의 점철이다. 천왕문 바로 앞 왼편엔 절에서 불사며 행사가 있을 때 깃발을 세우던 당간지주가 보란 듯이 버티고 섰다. "한국 사찰의 당간지주 가운데 가장 세련된 명작"으로 평가받는 유산이다. 여기서부터 무량수전까지 108계단으로 구성된 아홉 개의 석축은 극락에 이르는 화엄의 구품정토(九品淨土), '구품 만다라'를 상징한다. 하·중·상품은 각각 3개의 또 다른 품계로 구성되어 있어 계단을 오를 때마다 고통의 사바세계를 하나씩 떨쳐내고 마침내 최상품인 극락, 그 유명한 배흘림기둥의 무량수전에 이르게 되는 것이다. 크고 작은 건물들이 가파른 산기슭, 자로 잰 듯한 구품 층계로 나뉘어진 석단 위에서 차례로 자태를 뽐낸다.

범종루와 안양루는 각각 별개의 건물이면서, 무

▼무량수전 바로 앞의 안양루(安養樓). 누각이자 문의 이중구조를 가진 독특한 건물로 몸을 숙인 채 이곳에 오르면 바로 극락정토, 무량수전과 만난다.

량수전으로 오르기 위해 반드시 거쳐야 하는 통로. 가파른 돌계단을 오르면서 몸은 숙이되 얼굴은 치켜들어야만 지날 수 있는 독특한 구조를 갖고 있다. 돌계단을 딛고 누각의 바닥을 쳐다보며 걷다보면 구품의 정점인 무량수전이 마침내 저 높이서 모습을 드러내 보인다. 무량수전에 이르기 바로 앞 안양루. 난간 아래쪽의 편액은 '안양문', 위층의 것엔 '안양루'

▲무량수전 내부. 대부분의 법당은 출입문 정면에 불상을 모시지만 서방정토를 뜻하는 법당 서편(왼쪽)에 아미타여래좌상을 모신 게 독특하다.

라고 쓰여 있듯 누각과 문의 이중역할을 하는 독특한 건축이다. 극락의 다른 이름인 안양(安養). 여기서 내려다보면 소백산맥의 봉우리와 줄기가 파도치듯 꿈틀거리며 첩첩이 펼쳐지는 백두대간의 풍경이 일품이다. 여기에 서서 "우주 간에 내 한 몸이 오리처럼 헤엄친다. 인간 백세에 몇 번이나 이런 경관을 볼까나"라는 시를 남긴 김삿갓의 심경이 절실히 읽힌다.

'화엄 구품정토' 부석사의 절정은 아무래도 고려 말 세워진 무량수전이다. 안양루의 마지막 계단을 딛고 올라서면 사뿐히 고개를 내쳐든 추녀와 아래 중간 부분이 불룩한 '배흘림기둥'이 눈에 쏙 들어온다. 배흘림이란 멀리서 볼 때 착시현상을 고쳐 잡기 위해 기둥의 가운데 부분을 일부러 굵게 만든 수법. 여기에 중앙을 향해 다소 기울도록 기둥을 만들어 가람이 뉘어 보이는 현상을 막기 위한 '안쏠

▲천왕문 앞에 서 있는 당간 지주. 한국 사찰의 당간 지주 중에서 가장 잘 다듬어낸 걸작이다.

림'과 '귀올림' 같은 목조 건축방식은 후대에 '우리 민족이 보존해온 목조건축 중 가장 아름다운 건물'이라는 미명을 남겼다. "멀찍이서 바라봐도 가까이서 쓰다듬어 봐도 의젓하고도 너그러운 자태이며 근시안적인 신경질이나 거드름이 없다." 국립중앙박물관장을 지낸 고(故) 최순우 선생이 기록한 무량수전 평이다. 바로 화엄인 것이다.

그런데 무량수전 안에는 석가여래가 없다. 대신 고려시대에 봉안된 소조 아미타여래좌상(국보 제45호)이 법당 서편을 지키고 있다. 흙을 빚어 만든 불상치곤 균형미가 아주 빼어나다. 끝없는 지혜와 무한한 생명을 가지고 서방극락을 주재한다는 아미타불. 그래서 앉은 방향도 남향이 아닌, 동쪽의 사바세계 쪽이다. 화엄사찰이라면 당연히 화엄의 주존불인 비로자나불을 모셨어야 할 텐데 정토의 아미

타불을 모신 이유는 무엇일까? "화엄과 정토의 융합을 통해 철학적 사유와 실천을 삶 속에서 하나로 정착시켜 진리를 인식 밖에서 보게 한 의상 스님의 요체"라는 게 학계와 불교계의 일치된 생각이다.

그 대신 석가모니불을 상징하는 3층 석탑이 무량수전 동쪽에, 석등이 앞마당에 각각 놓여 있다. 불상이 안치된 조선시대의 수미단 안쪽에는 신라 형식의 사각형 불대좌가 있다. 불상의 앞쪽에는 전통적으로 불단과 법당 바닥을 장식했던 녹유전(綠釉塼)이 깔려 있었지만 후대에 전부 마룻바닥으

▲무량수전 왼쪽에 있는 부석(浮石). 부석사 창건 때 의상 대사를 도왔다는 중국 선묘 낭자의 설화가 전해지는 큰 바위다.

▼공민왕이 직접 쓴 무량수전 현판.

▲의상대사의 상을 모신 조사당 앞에 있는 선비화(仙扉花). 의상대사가 꽂은 지팡이가 나무로 변했다는 전설을 담고 있다.

로 교체되었다. 이 녹유전은 일제가 모두 가져갔고, 지금 부석사 유물전시관에 3점, 국립중앙박물관에 1점이 남아있을 뿐이다.

의상 대사가 화엄의 정신과 세계를 조형으로 압축해 놓은 부석사. 이 부석사의 가람과 공간 하나하나에는 모두 철학과 원칙이 배어 있다. 따라서 학계에서는 이 가람을 놓고 끊임없이 연구를 지속해 왔는데 그 중 하나가 안양루~무량수전을 이루는 맥과 그것에서 30도 비켜서 한 축을 이루는 천왕문~범종각의 이중적 가람배치다. 천왕문~범종각 축의 끝에는 무량수전과는 별개의 대웅전이 있었다는 주장이 힘을 얻고 있다. 실제 그곳에는 주초의 흔적뿐만 아니라 당간지주가 남아 있다. 결국 의상 대

▼무량수전 아미타여래좌상 앞바닥을 장식했던 전돌인 녹유전(綠釉塼).

사는 한 사찰 안에 두 절을 세우고 화합과 융화를 일굼으로써 화엄의 큰 뜻을 보여주려 했던 것이 아닐까?

■ 의상대사와 선묘

부석사에는 창건주 의상 대사와 중국 여인 선묘 낭자에 얽힌 유명한 설화가 전해진다. 선묘는 국비 유학생으로 당나라에 머물던 의상 대사를 흠모해 의상 대사가 공부를 마치고 배편으로 신라에 돌아올 때 용으로 변해 무사히 험한 풍랑을 헤쳐 나오도록 도왔고, 부석사를 창건할 때도 큰 도움을 주었다는 인물.

용으로 변해 의상을 보호하며 신라까지 날아온 선묘는 의상 대사가 절을 지을 때 이 지역에 있던 500명의 도적 무리가 절 창건을 방해하자 커다란 바위를 들어 올려 물리쳤다고 한다. 무량수전 왼편 뒤쪽에는 당시 선묘가 들어 올려 도적 무리를 제어했다는, '浮石(부석)'이라 새겨진 바위가 있다.

절의 이름을 부석사로 정한 것도 이 같은 사연과 무관하지 않아 보인다. 부석사와 관련된 의상 대사와 선묘의 이야기는 설화로 회자되지만 〈삼국사기〉 등 사료에도 적지 않게 등장한다. 무량수전 뒤편, 의상대사의 상과 일대기를 담은 벽화를 봉안한 조사당 오른쪽 벽면에 선묘 상이 걸려 있다.

1916년 일제가 무량수전을 해체 수리할 때 무량수전 기단부 아래에서 기다랗고 꾸불꾸불하게 이어진 용 모양의 돌덩이가 발견되어 이 설화가 단순한 이야기가 아니었음이 입증되기도 했다.

당시 무량수전에 봉안된 소조 아미타여래좌상 바로 아래에 용의 머리 부분이 있었고, 꼬리 부분은 무량수전 앞의 석등에서 발견되었다.

따라서 많은 사람들은 이후 이 돌덩이가 바로 설화와 사료의 내용을 따라

의도적으로 만든 석룡(石龍)으로 여기고 있다. 그런데 용의 허리 부분이 이어지지 않고 중간이 끊겨 있는 것에 대해서는 임진왜란 때 왜군이 조선의 기를 끊기 위해 저질렀거나, 혹은 일제강점기에 잘라내어 가운데 부분을 가져갔다는 등의 추측이 무성하다.

아무튼 선묘 용의 꼬리 부분이 묻혔다는 석등을 100번 돌면 소원을 이룰 수 있다는 소문을 따라 석등 둘레를 도는 신도들의 모습을 흔히 볼 수 있다.

03 불상 없는 적멸궁(寂滅宮)
통도사

▲자장 율사가 불교 계율을 세우기 위한 근본도량으로 건립한 신라 고찰 통도사. 길게 늘어선 가람의 배치와 개별 전각들의 구조가 독특하다.

▲대웅전 내부. 금강계단에 부처님 진신사리를 모셨다는 이유로 불상을 봉안하지 않았으며, 대웅전 벽에 낸 창을 통해 계단을 바라보도록 한 구조가 특이하다.

대한불교 조계종 제15교구 본사인 통도사(경남 양산시 하북면 지산리 583). 신라 진골 출신 김무림의 아들로 태어났지만 출가해 당나라에 유학한 뒤 선덕여왕의 요청에 따라 귀국한 자장 율사가 계율의 근본도량을 삼겠다는 원을 세워 건립한 1300년 역사의 신라 고찰이다. 자장 율사가 당나라에서 가져온 부처님 진신사리가 봉안돼 있어 삼보사찰 중 하나인 불보사찰로 통하는 사찰. 선원, 율원, 강원의 삼원을 갖춘 사찰에만 격이 주어지는 국내 5대 총림 중 하나이기도 하다. 신라 최대의 거찰 황룡사와는 형제사찰로 여겨졌을 만큼 사세가 컸던 도량. 다른 사찰의 가람 배치와는 크게 다른 파격에 더해 다양한 전각과 불상으로 인해 불교는 물론 한국 건축 양식의 총 집합처로 여겨지는 독특한 사찰이다. 해발 1,050m 영축산 정상에서 남쪽으로 뻗어 내린 봉우리들이 한 군데로 모아지는 금강계단은 통도사의 핵. 통도사의 근본정신이 집결된 곳이자 한국 불교 최상의 성지이기도 하다.

　산문을 들어선 뒤 조금 걷다가 일주문과 천왕문, 불이문을 차례로 지나다 보면 눈앞에 펼쳐지는 범상치 않은 전각들. 신라기에 세워진 대부분의 사찰이 남북 일직선상에 금당과 탑이 놓여진 데 비해 통도사는 전각들이 남북 축을 유지하면서 동서로 길게 배열된 파격을 보여준다. 냇물을 끼고 상로전, 중로전, 하로전 등 3개의 권역으로 나뉘어 늘어선 크고 작은 건물만도 50여 개. 상로전에는 금강계단과 대웅전이, 불이문부터 세존비각까지의 공간인 중로전에는 대광명전·용화전·관음전이, 천왕문과 불이문 사이의 영역인 하로전에는 영산전·극락보전·약사전·만세루가 들어서 있다. 각 구역의 전각들이 하나의 중심축에 일렬로 배열되어 있을 뿐만 아니라 건물

▲부처님 진신사리와 대장경을 봉안한 한국 최초의 적멸궁인 통도사의 금강계단. 당시 출가한 모든 스님들은 이곳에서 계를 받았다.

▲통도사 경내 용화전 앞에 세워진 봉발탑(보물 제471호). 발우형 그릇을 엎어놓은 특이한 형태로 석가모니 부처님의 발우를 바쳐 용화수 아래에서 성불할 미륵불의 출현을 기다린다는 신앙적 의미를 담고 있다.

사이의 공간 크기와 모양이 보기에 따라 시시각각으로 변화하는 게 독특하다. 이 가운데 금강계단과 대웅전 대광명전 영산전만 창건 초기에 건립되었고 나머지 것들은 대부분 고려 이후 세워진 것으로 학계는 보고 있다.

통도사의 창건 연대는 확실치 않지만 〈삼국유사〉 등의 기록을 볼 때 당나라로 유학을 떠났던 자장 율사가 귀국한 643년부터 선덕여왕 재위 말년인 646년 사이로 추정되며, 지금은 646년이란 게 거의 정설로 되어 있다. 통도사란 사명이 붙은 것에도 여러 설이 통한다. 첫째는 출가한 모든 스님들이 이곳의 금강계단에서 계를 받고 득도한다는 것이고, 둘째는 모든 진리를 회통하여 중생을 제도한다는 의미, 또 하나는 통도사가 위치한 산의 모습이 부처님이 설법하던 인도의 영축산과 통한다는 것이다.

자장 율사는 중국에서 부처님 정골(頂骨)과 손가락뼈, 치아사리 등 사리 100과, 부처님이 입었던 금란가사, 대장경 400권을 갖고 돌아왔는데 이 가운데 정골과 손가락뼈, 치아사리, 금란가사, 대장경이 통

▲통도사 경내의 가장 바깥쪽 출입문인 일주문. 대원군이 직접 쓴 '영축산통도사(靈鷲山通度寺)' 편액의 글씨가 선명하다.

도사에 봉안되었다. 나머지 사리는 경주 황룡사 탑과 울산 태화사 탑에 나누어 봉안한 것으로 전해진다(삼국유사 '전후소장사리' 조).

통도사는 불상 없이 부처님 사리를 봉안하는 '적멸궁'의 원조이자 모든 사찰의 근본도량이었던 셈이다. 그 때문에 통도사에는 범상치 않은 일들이 많았다고 한다. 지난 1956년 한밤중에 대웅전에서 화엄산림법회가 열릴 때 갑자기 금강계단 사리탑에서 빛줄기가 뻗어 올라 대낮같이 밝아져 양산 주민들이 통도사에 화재가 발생했다며 놀랐다는 이야기는 유명한 일화다. 새벽 예불시간에 맞춰 일어나지 못한 스님들이 종종 금강계단에서 들려오는 목탁 소리와 종소리를 듣곤 놀라서 깨어나기도 한단다.

이런 통도사의 핵심이자 요체는 단연 금강계단과 대웅전. 이 가운데서도 금강계단은 부처님 사리가 봉안된 통도사의 적멸궁이다. 창

▲부처님 진신사리와 대장경을 봉안한 한국 최초의 적멸궁인 통도사의 금강계단. 당시 출가한 모든 스님들은 이곳에서 계를 받았다.

건 때부터 사리를 친견하려는 참배객의 발길이 끊임없이 이어졌으며 고려 왕실과 사신들은 물론 몽골 황실에서도 참배했다고 한다. 고려 말~조선시대엔 사리를 약탈하려는 왜구들을 피해 스님들이 개성 송림사, 서울 흥천사, 금강산 등지로 옮겨 다니며 사리를 구했다.

"몸과 마음이 부정한 사람이 사내에 들어오면 고약한 냄새가 나곧 사람이 광란하여 땅에 쓰러져 미치게 된다." "금강계단 위로는 일체 날짐승이 날지 않고 그 위에 오줌과 똥을 누지 않는다"는 '통도사사적기'의 사리 부분 기록도 흥미롭다. 창건 때의 모습은 〈삼국유사〉 '전후소장사리' 조의 "2층으로, 위층 가운데에 마치 가마솥을 엎어놓은 것과 같다"는 기록으로 미루어 지금과 크게 다르지 않았을 것으로 보인다. 현재의 계단은 2중 사각기단 위에 종 모양의 부도(浮屠)가 놓인 석조로 계단 사방에는 고려~조선시대에 새로 조성된 것으로 보이는 불좌상(佛坐像)과 천인상, 신장상 등 다양한 조각이 새겨져 있다.

금강계단 남쪽에 맞닿아 있는 정면 3칸, 측면 5칸의 대웅전은 금강계단과 함께 축조된 통도사의 중심 건물. 대웅전 바로 뒤편 금강계단에 부처님 사리를 모신 때문에 커다란 불단만 있을 뿐 불상이 없는 게 특징이다. 불단 북쪽 벽에 큰 창을 내어 금강계단을 향해 참배하도록 했다. 임진왜란 때 소실된 뒤 1664년(인조 22년) 중건했는데 건물 4면에 각기 다른 편액이 걸린 게 독특하다. 동쪽은 '대웅전', 서쪽은 '대방광전', 남쪽은 '금강계단', 북쪽은 '적멸보궁'이라 쓰여 있다. 경내에 들어서면 바라보이는 대웅전의 서쪽 벽은 측면이지만 마치 정면처럼 보이듯 모든 방향에서 볼 때 정면으로 느껴지며, 지붕도 팔작지붕의 복합형인 정(丁)자형을 띠고 있다.

통도사 성보박물관 신용철 학예연구실장은 "통도사 대웅전의 정(丁)자 건축은 여주 영릉 등 왕릉 사당에서만 보이는 독특한 형태로 보통의 왕릉 사당보다 더 화려하고 아름답다"면서 "부처님 진신사리를 모신 신성한 공간의 의미에 더해 두 개의 건물이 한 건축 안에 혼재된 유일한 사찰 건물로 목조건축의 백미"라고 평가했다.

■ 자장 율사와 구룡지

통도사를 말할 때 빼놓을 수 없는 것이 자장 율사와 구룡지(九龍池)에 얽힌 이야기이다. 〈삼국유사〉 '통도사사리가사사적약록' 등 기록에 따르면 통도사가 창건되기 전 이곳에는 큰 연못이 있었다. 여기에는 아홉 마리의 큰 용이 살고 있었는데 자장 율사가 용들을 제압해 그곳에 세운 가람이 통도사라고 한다.

"자장 율사의 항복을 받은 아홉 마리의 용 가운데 다섯은 오룡동(五龍洞),

셋은 삼동곡(三洞谷)으로 가고 한 마리가 이곳에 남아 절을 수호할 서원을 세우자 자장 율사가 그 용을 머무르게 한 뒤 작은 연못을 만들었다"는 게 바로 지금 대웅전 서편의 구룡지. 구룡지는 16.53m² 남짓한 크기에 수심도 한 길이 채 안 되는 타원형의 작은 연못이지만 아무리 심한 가뭄에도 수량이 전혀 줄어들지 않아 통도사 스님들 사이에서는 '구룡신지(九龍神池)'라고 불리기도 한다.

민간에 전하는 다양한 전설에서도 구룡지는 가장 중요한 대목이다. 자장 스님이 중국 종남산 운제사 문수보살상 앞에서 기도할 때 승려로 현신한 문수보살이 부처님 진신사리와 불경, 가사 등을 주면서 "그대의 나라 남쪽 영축산 기슭에 나쁜 용이 거처하는 연못이 있는데 그 연못에 금강계단을 쌓고 불사리와 가사를 봉안하면 재앙을 면해 만대에 이르도록 멸하지 않고 불법이 오랫동안 머물러 있을 것"이라고 말했다고 한다. 귀국한 자장 스님이 선덕여왕과 함께 영축산 연못을 찾아 나쁜 용들을 위해 설법한 뒤 못을 메우고 그 위에 금강계단을 세웠다고 전해진다.

하지만 학계에서는 자장 율사와 구룡지의 관계를 다르게 해석한다. 자장 율사가 통도사를 창건할 당시 양산 지방에는 경주의 왕권에 버금가는 세력 집단이 자리 잡고 있었다. 따라서 자장 율사가 백성들을 괴롭히는 연못의 나쁜 용들을 제거하기 위해서 통도사 금강계단을 설치했다는 설화는 중앙 정부에 대항하는 양산 지방의 정치집단을 제압하기 위해 통도사를 세웠다는 정치적인 함의를 갖는다는 것이다. 즉 불교와 중앙 왕권이 제휴했다는 풀이인 셈이다.

04 석가 진신사리 모신
오대산 상원사

▲1200년 신라 고찰 오대산 상원사. 자장 율사가 터를 잡아 산문을 연 이래 숱한 고승들을 배출해온 문수신앙 성지로 조선시대 세조와 각별한 관계를 맺었다.

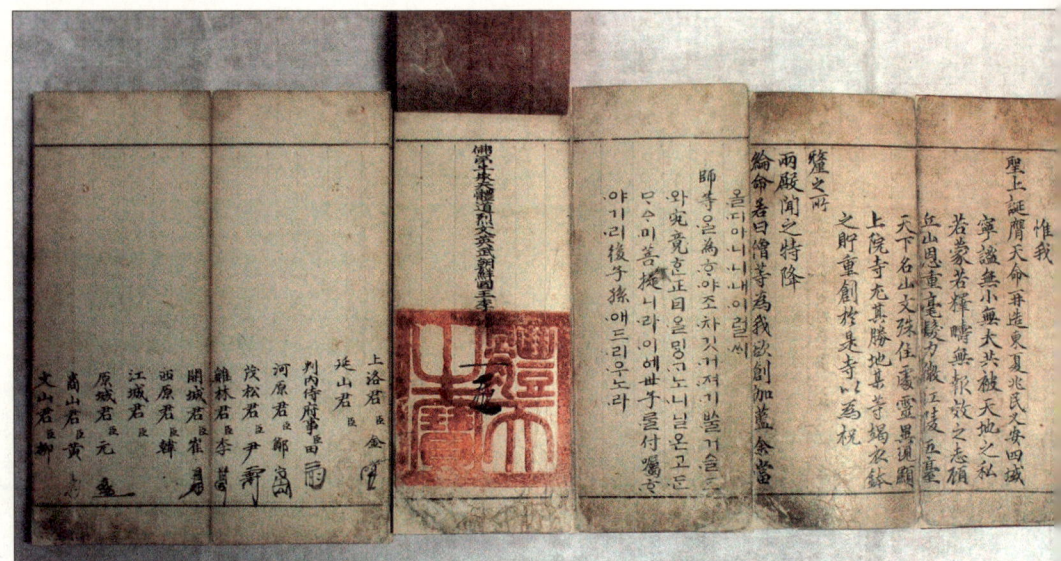

▲상원사 중창권선문

조계종 제4교구 본사 월정사에서 서북쪽으로 9km쯤 떨어진 오대산 산록에 아담하게 앉은 상원사(강원도 평창군 진부면 동산리). 건물이래야 목조 문수동자좌상을 모신 주 전각 문수전에 딸린 영산전과 청량선원, 범종각 정도가 고작인 소박한 사찰이다. 가람의 규모가 작은 탓에 흔히 월정사의 '산내 암자' 쯤으로 인식되지만 숱한 고승을 배출해온 1200년 신라 고찰이자 나라 안에서 몇 손가락 안에 드는 선원이기도 하다. 일반인들에겐 '한국 최고의 범종'인 상원사 동종(국보 제36호)으로 인해 잘 알려진 사찰. 불교계에선 석가모니 부처님의 진신사리를 봉안한 적멸보궁에, 지혜의 상징인 문수보살이 상주한다는 문수신앙이 보태져 수행하는 운수납자(雲水衲子)와 신도들의 발길이 끊임없이 이어지는 성지이다.

원래 오대산의 산명(山名)은 처음 산문을 연 개산조인 자장 스님이 문수보살이 머문다는 중국의 오대산에서 꿈속 게송을 받고 돌아와 절을 창건한 데서 비롯된 이름. 자장 스님은 중국 오대산에서 한 노스님으로부터 "당신의 나라 동북방 명주 땅에 일 만의 문수보살이 늘 거주하니 가서 뵙도록 하라"는 말과 함께 가사와 발우 한 벌, 부처님 정골사리를 받고 신라 선덕여왕 12년(643년)에 귀국해 월정사를 창건하였다고 한다. 상원사는 한참 후인 성덕왕 4년(705년)에 두 왕자인 보천·효명에 의해 오대산 중대에 진여원(眞如院)이란 이름으로 창건되었는데, 당시 오대산은 오류성중(五類聖衆), 즉 다섯 부류의 성인들이 머무는 신성한 곳으로 여겨졌다.

"신라 신문왕의 아들 보천 태자는 아우 효명과 더불어 오대산으로 들어갔다. 두 사람이 함께 예배하고 염불하던 중 오 만의 보살을 친

▲목조 문수동자좌상(국보 제221호)

견한 뒤로, 날마다 이른 아침에 차를 달여 일 만의 문수보살에게 공양했다."
(삼국유사)

당시 사람들이 오대산에 찾아와 보천 태자에게 신문왕의 후계를 권했지만 보천 태자가 한사코 거부해 결국 효명 태자가 왕위에 올랐는데 그가 바로 성덕왕이다. 왕위에 오른 효명 태자가 오대산에서 수도하던 중 여러 모습의 문수보살을 친견한 뒤 세운 것이 진여원, 지금의 상원사다. 이 설화를 뒷받침하듯 지금도 오대산에는 상원사를 중심으로 중대 사자암, 동대 관음암, 서대 염불암, 남대 지장암, 북대 상두암(미륵암)이 포진해 있다. 이 오대 중에서 상원사가 있는 중대는 바로 오만 보살신앙의 중심으로 여겨진다.

상원사에서 빼놓을 수 없는 것은 아무래도 적멸보궁과 상원사 동종. 부처님 진신사리를 모신 적멸보궁이란 모든 바깥 경계에 마음의 흔들림이 없고 번뇌가 없는 보배스러운 궁전이란 뜻. 욕심과 성냄, 어리석음이 없으니 괴로울 것이 없는 부처님의 경지를 말한다. 국내엔 사자산

▲상원사 동종(국보 제36호)

법흥사, 태백산 정암사, 영축산 통도사, 설악산 봉정암 등 모두 다섯 군데의 적멸보궁이 있는데, 불교계는 상원사의 적멸보궁을 가장 먼저의 것으로 보고 있다.

▲문수전 오른쪽 외벽 벽화

이곳을 방문한 조선시대 암행어사 박문수는 '천하의 명당'이라며 감탄했다고 한다. 정식 사리탑은 없고, 최근 증축한 정면 3칸, 측면 2칸 건물 뒤쪽에 1m 높이의 판석에 석탑을 모각한 상징물이 서 있다. 문수전 앞마당 작은 건물 안에 달려 있는 상원사 동종은 종소리와 청동 합금, 주조기술 면에서 최고 수준을 자랑하는 한국 종의 모범. 무릎을 세우고 허공에 뜬 채 수공후와 생(笙)을 연주하는 비천상을 비롯한 의장(意匠)과 우아한 문양이 시선을 사로잡는다. 종의 마멸과 훼손을 막기 위해 타종을 중단해 지금은 아쉽게도 종소리를 들을 수 없다.

조선왕조실록 예종 1년(1469) 윤2월조와 경북 안동읍지인 '영가지(永嘉誌) 6권'에 따르면 이 종은 신라 성덕왕 25년(725년)에 제작되어 안동의 누문에 걸려 있던 것을 조선 예종 1년에 이곳 상원사로 옮겨왔다. 죽령을 넘을 무렵 종이 너무 무거워 애를 먹던 중 종유(鐘乳) 하나를 떼어 안동으로 돌려보내자 종이 수월하게 움직였다는 이야기가 얽혀 있다. 원래 종의 동서남북 사방 면에는 각각 9개씩 36개의 종

▲문수전 기단 바로 앞에 서있는 고양이상. 세조와 상원사의 묘한 관계를 보여주는 유물로 눈길을 끈다.

유를 만들었는데 1개가 없어진 35개만 남아 있어 흥미롭다.

상원사에서 특이한 것은 불교 중흥기인 고려시대엔 사찰의 중창과 관련한 기록이 거의 남아 있지 않으나 오히려 숭유억불책을 썼던 조선조에 왕실의 각별한 비호와 지원을 받았다는 점이다. 승려의 도성 출입을 금지하는 등 척불에 앞장섰던 태종은 만년에 상원사 사자암을 중건하고 자신의 원찰로 삼을 정도였다. 특히 세조와 관련된 흔적은 사찰 곳곳에 남아 있다. 당시 서울에서 상원사까지는 달포나 걸리는 먼 길이었지만 세조는 재위기간 중 3차례나 상원사를 찾았다고 한다. 상원사 주차장 앞에는 세조가 몸을 씻기 위해 의관을 걸어두었다는 관대걸이가 지금도 서 있다. 단종을 죽인 세조는 단종의 모후인 현덕왕후가 자신에게 침을 뱉는 꿈을 꾸고 난 뒤 온 몸에 종기가 돋고 고름이 나는 병에 걸리자 오대산을 다니며 기도를 올려 병이 낫도록 발원했다고 한다. 어느 날 오대산 계곡에서 목욕을 할 때 우연히 지나던 동자승에게 등을 밀어줄 것을 부탁했는데 동자승이 등을 밀어준 뒤 씻은 듯이 나았다. 이에 감격한 세조가 화원을 불러 그 동자승의 화상을 그리게 했는데 지금 문수전 오른쪽 외벽에 그 모습을 재현한 벽화가 걸려 있다. 문수전 안의 목조 문수동자좌상(국보 제221호)도 그런 연유에서 조성해 봉안했다고 전해진다.

1984년에 발견된 문수동자 복장에서는 세조의 딸 의숙공주가 문수동자상을 봉안한다는 발원문을 비롯하여 30여 점의 유물이 발견되었다. 세조의 왕사인 신미 스님이 복을 빌기 위해 상원사를 중수하려 하자 세조가 채색·쌀·무명·베와 철재 등을 보내면서 그 취지를 적었다는 '중창권선문'(국보 제292호)도 왕실과 상원사의 관계를 짐작케 한다. 세조가 대(大)시주자로 앞장서자 왕비를 비롯한 궁인, 종실, 조정 신료와 전국의 수령방백들이 앞 다투어 시주에 나섰던 사실을 보여준다.

▲세조가 상원사를 방문해 몸을 씻기 전 의관을 걸어두곤 했다는 관대걸이. 지금 주차장 앞에 그대로 서 있다.

문수전 앞 두 마리의 고양이가 나란히 선 석조상에 얽힌 이야기도 흥미롭다. 고양이가 상원사 법당에 들어가려는 자신의 옷소매를 물고 늘어진 것을 수상하게 여긴 세조가 법당 안팎을 샅샅이 뒤진 끝에 불상 좌대 밑에 칼을 품고 숨은 자객을 찾아냈다고 한다.

고양이의 도움으로 목숨을 건진 세조는 은혜에 보답하기 위해 상원사의 고양이를 잘 보살피라는 뜻으로 묘전(猫田)을 하사해 상원사는 사방 32㎞의 땅을 보유하게 되었다는 것이다. 이후 세조의 원찰이 되었던 상원사는 안타깝게도 1946년 선원 뒤의 조실(祖室)에서 불이

나는 바람에 건물이 전소되었으며, 지금의 문수전과 청량선원 등 대부분의 전각은 모두 그 이후 복원되거나 새로 지어진 것들이다.

■ **천고에 자취감춘 학이 머물렀던… 한암 스님과 상원사**

상원사는 한국 선불교의 중흥조로 불리는 경허 스님을 비롯해 수월, 운봉, 동산 등 역대 선지식(善知識)들이 주석하며 수행했던 유서 깊은 곳. 이들 선지식 중에서도 27년간 오대산문을 나서지 않은 채 '오대산 도인'으로 통했던 한암(1876-1951) 스님은 상원사와 관련해 빼놓을 수 없는 선승이다.

금강산에 유람 갔다가 발심해 장안사 행름 노사를 은사로 출가한 한암 스님이 상원사에 든 것은 50세 때인 1925년. 당시 서울 봉은사 조실로 있었던 스님은 "차라리 천고에 자취를 감춘 학이 될지언정 삼춘(三春)에 말 잘하는 앵무새의 재주는 배우지 않겠노라"는 말을 남기고 홀연히 오대산을 찾았다. 들고 다니던 단풍나무 지팡이를 상원사 산 중턱의 중대 사자암 앞뜰에 심었는데 지팡이가 꽂힌 자리에서 잎사귀와 가지가 돋아 나무가 되었으며 지금도 그 단풍나무가 서 있다.

조계종 초대 종정이 된 것도 그 즈음이다. 일제강점기 일본 조동종 사토가 상원사로 한암 스님을 찾아와 법거량을 한 끝에 "한암 스님은 세계에서 둘도 없는 인물"이라며 떠난 일은 유명한 일화다. 이 일이 있은 뒤 상원사에는 한암 스님을 만나려는 일본 저명인사들의 발길이 이어졌다고 한다.

6·25전쟁 중에는 국군이 "월정사와 상원사가 적의 소굴이 된다"는 이유로 상원사 법당을 불태우려고 하자 법당에 앉아 "법당을 지키는 것은 불제자의 도리니 어서 불을 지르라"며 자세를 흐트리지 않았다고 한다. 이에 국군이

어쩔 수 없이 법당 문짝만 뜯어내 불지르고 떠나는 바람에 상원사가 남아 있게 됐다고 한다. 한암 스님은 이곳에서 보문, 난암, 탄허 스님 등 한국 불교의 기라성 같은 제자들을 키워내다가 6·25전쟁이 발발한 이듬해인 1951년 좌탈입망(앉은 자세로 입적)했다.

05 법이 머무르는 곳
법주사 팔상전(捌相殿)

▲신라시대 법상종 종찰로 창건된 조계종 제5교구 본사 법주사. 정유재란 때 불타 없어진 뒤 복원되어 지금은 미륵신앙과 화엄사상이 묘한 조화를 이루며 대중들에게 가장 친숙한 고찰이 되었다. 산 아래 거대한 미륵대불 앞 5층 건물이 국내 유일의 목조탑인 팔상전이다.

충북 보은군 내속리면 사내리 209, 조계종 제5교구 본사 법주사. 신라 진흥왕조인 553년 의신 스님이 창건했고, 혜공왕조인 776년 진표 율사가 중창한 '호서제일가람'이다. 정유재란 때 불타 없어졌지만 사명대사와 벽암대사에 의해 1624년에 복원된 사찰. '법이 머문다'란 뜻의 법주(法住)는 불법을 구하기 위해 인도에 유학했던 창건주 의신 스님이 흰 노새에 불경을 싣고 와서 후학을 양성할 절터를 찾기 위해 머물렀다는 연기설화로 인해 붙여진 이름이다. 고려시대에 왕실의 보호를 받으며 법상종 종찰의 면모를 유지해 왔으며, 지금은 국내 대표적인 미륵도량이자 화엄사찰이기도 하다. 산내 암자 11개, 말사 80개를 거느린 주요 본사답게 이런저런 사연이 많지만 아무래도 법주사의 핵심은 국내 유일의 목조탑인 팔상전(국보 제55호)이다.

▲법주사의 핵심 건물인 팔상전. 부처님 법사리 봉안처이자 신도들의 예배장소로 사용됐던 특이한 건물이다.

 흔히 사찰의 탑이라면 화강석으로 만든 석탑을 떠올릴 만큼 나무로 세운 목탑은 생소하게 여겨진다. 그러나 원시불교 이래 탑전은 목

▲팔상전 내부. 전각 내부에 큰 기둥을 세우고 사방 네 개의 벽면에 석가여래 일대기를 그린 8폭의 팔상도를 배치해놓았다.

조의 전통을 유지해 왔으며〈삼국유사〉등에도 탑의 시원이 목조였음을 보여주는 기록이 전한다. 삼국시대를 거쳐 고려시대까지도 목탑이 세워진 사실이 만복사지 탑지에서 밝혀졌고, 조선시대까지 전해져 왔음이 각종 유적들에서 확인되고 있다. 그 가운데 가장 대표적인 것이 바로 법주사 팔상전으로, 이 팔상전은 현재 목조탑의 모습을 볼 수 있는 유일한 곳이다. 1984년까지만 해도 전남 화순 쌍봉사 대웅전이 법주사 팔상전과 함께 목조탑의 쌍벽을 이뤘으나 아쉽게도 소실됐다.

법주사 경내의 중심에 선 팔상전은 사방에 계단이 설치된 석조 기단 위에 5층으로 올린 5층 목탑이지만 내부는 가운데 벽을 중심으로 한 통간 건물로 되어 있다. 정사각형 모양의 사찰 전각 기단은 사제(四諦)와 팔정도(八正道)를 상징한다. 특히 동서남북에 배치된 계단은 구도자에게만 허락된 수행의 경지를 상징하는 것으로 통한다. 기단에 올라서 안으로 들어가면 사방 네 벽에 두 폭씩의 팔상도가 모셔져 있음을 보게 된다. 그 벽면 앞에 불단을 만들어 불상을 봉안했고, 불상 앞에 납석원불과 나한상이 모셔져 있다. 전체 5층 가운데 1·2층은 5칸, 3·4층은 3칸, 5층은 1칸으로 구성한 것도 특이하다.
 팔상전이란 석가여래의 일생을 8단계로 나누어 표현한 그림인 팔상도를 모신 전각. 쌍계사, 통도사, 운흥사, 선암사, 범어사 등의 팔상전에서도 이 같은 팔상도를 볼 수 있다. 그런데 대부분 사찰의 팔상전에 모셔진 팔상도가 불단을 향해 평면적으로 나열되어 한꺼번에 전체를 볼 수 있지만 법주사 팔상전의 경우는 사뭇 다르다. 한가운데 조성된 네 벽을 돌아가면서 각 벽면에 두 폭씩을 배치했기 때문에 한 곳에서 전체를 다 볼 수가 없다. 팔상도의 8폭을 전부 보기 위해선 팔상전 안을 한 바퀴 돌아야 하는데 팔상도를 따라 돌다보면 결국 가운데 벽 심초석(心礎石)에 봉안된 불사리를 중심으로 자연스럽게 탑돌이를 하게 되는 셈이다(지난 1968년 팔상전을 해체 수리할 때 심주(心柱) 밑에서 사리장치(舍利裝置)가 발견되어 이곳이 불사리를 봉안한 장소임이 확인되었다. 목탑에서 사리장엄구가 발견된 것은 법주사 팔상전이 처음이다).

 팔상도를 따라 탑돌이를 한 뒤 문을 나서서 지붕을 올려다보면 2층 처마 아래 모서리에 새겨진 난쟁이 모습의 인물과 용 형상이 눈길

▲대웅보전에 봉안된 삼신불. 비로자나불을 중심으로 왼쪽에 노사나불, 오른쪽에 석가모니불을 모셨는데 국내에서 법당 안에 봉안된 소조불 좌상 가운데 가장 크다.

▲천왕문 양측에 서있는 사천왕상. 국내 사찰에 세워진 사천왕상 중 가장 큰 규모다.

▶국내 최대의 미륵대불이 사찰 중심에 세워진 목조탑 팔상전을 굽어보고 있다.

을 끈다. 이 가운데 연꽃 봉오리 위에 쪼그려 앉아 두 팔과 머리로 추녀를 받친 모습의 난쟁이상이 흥미롭다. 왕방울 눈에 나선형 눈썹과 짙은 수염을 갖고 있는데 부처님을 공양하고 불전을 수호하는 불교 외호신 중 하나라고 한다.

법주사 팔상전의 가장 큰 특징은 뭐니 뭐니 해도 불사리를 봉안한 탑에 더해 예배 공간의 기능을 갖추고 있다는 점이다. 탑의 내부를 예배공간으로 썼던 기록은 삼국유사 권5 '월명사 도솔가(月明師兜率歌)' 조의 "동입내원탑중이은(童入內院塔中而隱)"이라는 구절에 처음 나타나는데 "동자가 탑 속으로 숨어들었다"는 내용이다. 학계에서는 사람이 탑 안으로 숨어든다는 것은 탑 내부에 큰 공간이 있었음을 의미하며 법주사 팔상전이 바로 동자가 숨어들었다는 그 탑 형식의 목탑으로 보고 있다. 그런데 이 팔상전은 지난 1968년

▲암벽에 새긴 독특한 형상의 불상 마애여래의상. 사실적이기보다는 추상에 가까운 형태가 인상적이다.

해체 보수공사 이후 내부 통풍이 안 되고 벽면에 습기가 심하게 차오르는 등 훼손될 위기에 처해 있다. 법주사 주지 도공 스님은 "미륵신앙과 화엄사상을 함께 담은 법주사의 중심건물인 팔상전은 불사리 봉안처로서의 탑 성격과 예배장소의 기능을 동시에 갖춘 유일한 탑전인데 예산과 보존 처리의 어려움 때문에 훼손되어 가는 문화재를 그대로 방치할 수밖에 없어 안타깝다"고 말했다.

■법주사의 명물들

법주사 경내 곳곳에는 크고 작은 명물들이 들어서 있다. 팔상전을 비롯해 석련지, 쌍사자석등이 국보로 지정됐고, 보물도 12점으로 국내에서 가장 많은 국보·보물을 갖추고 있는 셈이다.

이 가운데 마애여래의상(磨崖如來倚像)과 사천왕상, 석련지, 대웅보전, 금동미륵대불은 신도와 관람객들의 시선을 가장 많이 받는 문화재들이다.

우선 일주문을 지나 팔상전과 대웅보전을 가기 위해 통과하는 천왕문의 사천왕상은 국내 사찰 중 가장 큰 규모. 천왕문은 정면 5칸, 측면 2칸의 조선 후기 맞배지붕 건물인데 중앙 통로 양쪽 2칸에 높이 5.7m, 둘레 1.8m 크기의 사천왕상을 2구씩 배치해 천왕문을 통과하는 이들의 시선을 제압한다.

사리각 옆 암벽에 조각된 전체 높이 6.18m 크기의 마애여래의상도 독특한 불상. 둥근 얼굴과 감은 듯 뜬 눈에 잘록한 허리 등 비사실적인 추상이 인상적이다. 연꽃잎이 불상 주위를 둘러싼 연봉이 불상을 둘러싸고 발 아래엔 반쯤만 조각된 연화문상석이 놓여 있다.

석련지는 원래 법주사의 본당이었던 용화보전의 장엄품을 설치했던 것. 신라 성덕왕조 때 화강석으로 조성됐는데 8각 지대석 위에 3단의 굄을 만들고 다시 굄돌을 올려 그 위에 구름을 나타낸 동자석을 끼워 무량수의 감로천을 받치고 있는 모습이다.

신라 진흥왕 때 창건된 대웅보전 안의 불상 3구는 국내 사찰 법당에 봉안된 소조불 좌상 중 가장 큰 것. 중앙에 비로자나불, 좌측에 노사나불(아미타불), 우측에 석가모니불을 모셨는데 각각 마음, 덕, 육신을 뜻한다고 한다. 최근 개금불사를 마치고 점안식을 가졌다.

팔상전 왼편, 미래 미륵부처님의 현존을 의미하는 금동미륵대불은 국내 최대 규모. 8m 높이의 기단 위에 25m 높이로 조성됐는데 소요된 청동만도 160t이나 된다고 한다.

06 효(孝) 본찰

화성 용주사

▲누각 천보루(天保樓)의 오른쪽에서 본 용주사. 정조가 아버지 사도세자의 능사(陵寺)로 공을 들여 세운 '효 사찰' 답게 다른 가람과는 달리 궁궐과 사대부 가옥의 양식이 혼합되어 있다.

▲대웅전 내부의 삼존불과 삼불탱화. 1790년 절의 창건과 함께 조성된 성보(聖寶)들로 화려한 닫집과 잘 어울려 장엄미를 연출한다.

경기도 화성시 화산 아래 야트막한 언덕에 자리 잡은 조계종 제2교구 본사인 용주사(龍珠寺 · 화성시 태안읍 송산리 188). 조선 제22대 임금 정조가 아버지 사도세자의 무덤을 양주 배봉산(지금의 서울 전농동)에서 화성(현륭원 · 지금의 융릉)으로 옮겨 모신 뒤 아버지의 극락왕생을 기원하던 능침사찰(陵寺)이다. 사도세자와 사도세자비 혜경궁 홍씨의 합장묘인 융릉(용주사에서 동북쪽으로 10여 분 거리)을 수호하기 위해 지어 '효(孝)의 본찰'로 널리 알려진 도량이다. 능사의 사격 그대로, 다른 전통사찰과는 달리 산이 아닌 평지에 들어서 사찰보다는 오히려 궁궐과 사대부 가옥의 특징들을 더 많이 갖춘 독특한 가람이다.

능사란 왕이나 왕비의 능 근처에서 능침을 수호하고 명복을 비는 재(齋)를 지내기 위해 세운 사찰이다. 조선시대를 통틀어 모두 11곳이 세워졌다. 지금 남아 있는 것으론 용주사를 비롯해 세조의 광릉을 위한 봉선사, 세종의 영릉 수호사찰 신륵사, 중종의 정릉 능사 봉은사가 대표적이다.

이들 능사 가운데 용주사는 당파싸움의 와중에 억울하게 뒤주에서 목숨을 잃은 아버지 사도세자를 향한 정조의 절절한 효심이 그득한 '효 사찰'이란 차별성을 갖는다.

정조는 아버지의 묘를 화성으로 옮겨 조성한 뒤 능사를 짓기 위해 큰 공을 들였다고 한다. 각처에서 길지를 모색하던 중 신하들로부터 '천하제일의 복지'로 추천받아 낙점한 곳이 바로 옛 갈양사 터이다.

신라시대부터 사찰의 이름이 등장하는 갈양사는 한국 불교 선종(禪宗)의 뿌리라고 할 수 있는 구산선문의 하나인 가지산문(迦智山門)의 제2조 염거 스님이 창건하고 주석했던 선찰이다.

지금도 그 선풍을 이은 선원 서림당과 중앙선원

▼용주사에서 동북쪽으로 3km 떨어진 사도세자와 혜경궁 홍씨 합장묘 융릉.

엔 안거(安居)를 가리지 않고 참선수행하는 선승들의 정진이 이어진다. 신라기부터 고려기까지 왕실 원찰로 받들어졌으며, 물과 육지에서 헤매는 영혼과 아귀를 위로하기 위해 불법을 강설하는 '수륙재'가 처음 열린 곳이기도 하다.

갈양사는 이처럼 명성이 높았지만 어떻게 소실됐는지 알 수 없고, 다만 잦은 전란으로 사라져간 것으로 학계는 추정하고 있다.

용주사 대웅전 닫집에서 발견된 원문(願文)에 따르면, 정조는 사도세자의 묘를 화성으로 옮겨 봉안한 다음해인 1790년 2월 공사

▲정조가 직접 심은 대웅전 앞 회양나무.

를 시작해 불과 7개월 만에 사찰 짓기를 모두 마무리했다. 140여 칸이나 되는 사찰 규모를 볼 때 정조가 용주사에 얼마나 공을 들였는지를 알 수 있는 대목이다. 절을 지을 때 큰 시주를 한 관료의 명부인 '대시주진신안(大施主縉紳案)'에는 경기감사를 비롯한 각 도의 감사 9명, 군수·현감·부사·만호·첨사 같은 지방관료 87명 등 모두 96명의 관직명과 이름이 들어 있다. 중앙의 고위관리들도 당연히 시주했을 것이며 '용주사건축시각도화주승'에서 확인되었듯이, 용주사 창건을 위해 각 지방의 승려들이 책임을 맡고 나섰음을 볼 때 이 불

▲용주사 성보박물관에 보존된 '부모은중경' 목판. 용주사 창건 계기가 된 '부모은중경'의 내용을 새긴 것으로 정조가 하사했다.

사는 승속을 초월해 대규모로 진행된 유례없는 것이었다.

절 이름 '용주(龍珠)'는 '용이 여의주를 희롱하는 형국'이라는 지형에서 비롯됐지만, 절을 다 지은 뒤 낙성식이 있던 전 날 정조가 여의주를 물고 승천하는 용꿈을 꾼 뒤 붙여졌다는 이야기가 전한다.

가람의 큰 골격은 비교적 옛 모습을 유지하고 있다. 조계종 총무원장을 지낸 고(故) 정대 스님이 주지 시절 새로 지은 불음각이며 중앙선원, 호성각, 천불전을 빼곤 창건 당시와 크게 다르지 않다.

'경기제일가람 용주사'라고 쓴 일주문을 들어서 좌우에 '상구보리(上求菩提)' '하화중생(下化衆生)' 같은 불교 경전 속 경구들을 새긴 표석들을 바라보며 천왕문을 넘으면 좌우 양쪽에 행랑을 거느린 맞

▲정조가 용주사 부처님을 받들고 복을 기원하기 위해 직접 쓴 게송.

배지붕 양식의 삼문이 눈에 들어온다. 삼문이란 동서 옆문과 중앙 대문에 각각 문이 나 있어 부르는 이름. 전통사찰에선 찾아볼 수 없는 독특한 공간인데 사도세자의 재궁(齋宮)으로 지어졌음을 보여준다.

"용이 꽃구름 속에 서리었다가 여의주를 얻어 조화를 부리더니 절문에 이르러 선을 본받아 부처님 아래에서 중생을 제도한다."

삼문 네 기둥에 '龍珠寺佛'의 네 자를 각각 첫 글자로 딴 시구를 적은 주련이 인상적이다. 낙성식 전날 밤 정조가 꾼 꿈에서 비롯됐다는 사찰 이름과도 통하는 부분이다.

삼문과 주 전각인 대웅보전 중간에 서 있는 정면 5칸, 측면 2칸의 2층 누각 천보루(天保樓)도 왕실이 직접 지었음을 보여주는 부분이다. 일주문 쪽에서 보면 천보루요, 대웅전 쪽에서 보면 홍제루(弘濟樓)라고 쓰인 현판이 사찰 양식이 아닌 꼭 궁궐 풍이다.

"밖으로는 하늘이 보호하고 안으로는 널리 백성을 제도한다."

여섯 개의 목조기둥을 떠받치는 거대한 장초석도 주로 궁궐 건축에 쓰이는 것들이다. 누각 좌우로 7칸씩의 회랑이 맞닿아 있고 동쪽에 나유타료, 서쪽에 만수리실이 회랑과 연결돼 있다.

나유타료와 만수리실은 모두 바깥마당으로 출입문이 나 있고 툇마루가 달려 있어 절집보다는 오히려 대갓집을 연상케 한다.

창건 당시 각각 선원과 강원으로 쓰였는데 지금은 회의 때 사용하는 큰방과 스님들의 요사채로 바뀌었다.

왕실의 위엄을 세우기 위해 이 천보루와 나유타료, 만수리실을 대웅전과 연결해 'ㅁ'자형으로 도드라지게 꾸며 그 정점에 대웅보전을 놓았다.

대웅보전은 창건 때 세워진 주 전각으로 조선 후기 사찰양식을 그대로 따라 정면 3칸, 측면 3칸에 팔작지붕을 얹었다. 대웅전에 들어서면 화려한 닫집이 눈에 들어오는데 마치 석가모니 부처님과 약사여래불, 아미타불의 삼존불과 후불탱화를 옹휘하는 듯하다.

삼존상 뒤 후불탱화의 아랫부분 중앙에 '주상전하 수만세(壽萬歲) 자궁저하 수만세 왕비전하 수만세 세자저하 수만세' 라 쓴 축원문이 들어 있다. 부처님의 가피가 왕실에 미치기를 기원한 탱화인 것이다. 당대의 불화에선 전혀 보이지 않는 서양화법의 원근법 · 명암법을 쓴 게 특이하다. 오래 전부터 김홍도의 작품으로 알려져 왔으나 대웅보전 닫집에서 발견된 원문(願文)의 "민관, 상겸, 성윤 등 25인이 탱화를 그렸다"는 기록을 앞세운 학자들이 김홍도가 아닌 다른 화승들의 작품임을 주장해 논란이 이어지고 있다.

▲대웅전에 이르기 위해 지나야 하는 궁궐 양식의 대형 누각 천보루. 양쪽 행랑채인 나유타료·만수리실과 대웅전이 'ㅁ'자를 이루도록 꾸며 대웅전을 돋보이게 했다.

대웅전 앞의 회양목(천연기념물 제264호)은 정조가 직접 심은 나무다. 아버지 사도세자가 죽은 뒤 갖은 위협과 고난을 참고 견뎌냈던 지난날을 돌이키며 번뇌를 떨어내려 심었을까. 오래도록 사철 푸른 잎을 피웠지만 지금은 병이 들어 앙상하게 마른 모습이 보는 이들을 안타깝게 한다.

정조는 용주사를 세운 뒤 융릉과 용주사를 틈나는 대로 들렀다고 한다. 아버지의 능을 참배한 뒤 귀경하다가 자꾸 뒤를 돌아보며 아쉬워해 일행이 걸음을 늦추곤 했는데, 바로 그곳이 서울로 향하는 1번 국도변의 '지지대 고개'이다. 정조의 효심이 담긴 때문인지 대웅전 앞의 회양목은 마른 가지에서도 힘겹게 꽃을 피워내고 있다.

"나를 잉태하고, 쓴 것은 뱉고 단 것은 먹여 주시며, 나를 키워주고, 먼 길 떠나는 자식을 걱정하신 부모님의 은혜는 부모님을 양어깨에 모시고 수미산을 수억만 년 돌아다녀도 결코 다하지 못한다."

마치 바로 옆 '부모은중경탑'의 경문에 화답하듯이….

■용주사와 부모은중경(父母恩重經)

정조는 즉위 초기에 조선시대 역대 왕들과 마찬가지로 억불정책을 폈던 것으로 전한다. 즉위하자마자 조선 초기부터 궁실에서 빈번하게 지어왔던 원당(願堂) 사찰 건립을 금지시켰고, 걸미승(乞米僧)들의 성내 출입을 엄금하는 조치를 취한 주인공이기도 하다.

그런 정조가 어떻게 전 국민이 동참하는 불사인 '용주사 건립'의 뜻을 세웠을까.

다름 아닌 불경 '부모은중경(佛說大報父母恩重經)' 때문이다. 〈조선불교통사〉에 따르면 정조는 전남 장흥 보림사의 보경 스님이 바친 '부모은중경'을 읽고 마음에 느끼는 바가 커 용주사를 창건토록 지시했다.

'부모은중경'은 부모의 크고 깊은 10가지 은혜에 보답하도록 가르친 경전이다. 아버지 사도세자에 대한 효심이 컸던 정조의 마음을 움직이기에 충분했을 것이다.

정조는 실제로 '부모은중경'에서 비롯된 용주사 창건을 전후해 불교에 대한 생각을 크게 바꾸었다. 해남 대흥사에 세워진 휴정 스님 사당의 편액 '표충'을 직접 썼으며, 안변 석왕사의 고사(古事) 내용을 담은 비문을 손수 지어 세웠다. 표훈사의 사찰 중수를 도왔는가 하면, 무학대사에게 '개종입교보조법안광제공덕익명흥운대법사'라는 법호를 내리는 등 고승들의 추존에도 열성을 보인 것으로 전해진다.

정조가 '부모은중경'을 얼마나 각별하게 생각했는지는 용주사의 숱한 유물들에서 그대로 읽힌다. 용주사 건물들에 걸린 많은 주련들은 정조가 당대의 명 문장가였던 이덕무에게 명해 쓰도록 한 것이다.

'부처님과 용주사의 복을 빈다'는 내용의 게송 '어제화산용주사봉불기복게'는 직접 지은 것이며, '부모은중경'의 내용을 한문·언문·그림으로 새긴 73매의 '부모은중경판' 중 목판 42매(변상도·김홍도 그림)도 정조가 하사한 것이다.

07 천불 천탑의 야외 법당
화순 운주사

▲공정바위에서 내려다본 운주사 전경. 사찰 창건 연대며 가람과 관련한 자세한 기록이 남아있지 않아 흥미로운 설화들이 다양하게 전해지는 천년고찰이다. 경내엔 소박하고 친숙한 민중들의 모습을 담은 수많은 석불과 석탑이 산재해 있어 '천불 천탑' 사찰로 통한다.

조계종 제21교구 본사 송광사의 말사인 운주사(전남 화순군 도암면 대초리 20, 사적 312호)는 말 그대로 '신비의 땅'이다. 무등산 자락인 영귀산 아래 대초리·용강리 일대 길 옆이며 산자락에 수많은 불상과 불탑이 늘어서 있어 '천불 천탑' 사찰로 불리는 명소. 창건 시기나 가람과 관련된 정확한 기록들이 남아있지 않아 숱한 설화들이 전해지며, 지금도 이런저런 이야기들이 횡행하고 있다. 번듯한 전각은커녕 사찰에선 반드시 갖춰야 할 천왕문·사천왕상조차 없는 파격의 절집. 전통의 양식에선 한참 비켜 선 채 불탑·불상의 야외전시장쯤으로 비쳐지지만 사찰 곳곳에 서린 민중의 소박한 염원이며 도공들의 애틋한 정성 때문에 많은 이들의 발길이 이어진다.

사찰의 이름대로라면 '구름이 머물다 가는 절'. 먼 옛날부터 運舟, 運柱, 雲柱, 雲住 등 다양하게 불려왔지만 1984년부터 1989년까지 네 차례에 걸친 전남대박물관의 발굴조사를 통해 '雲住寺'라 새겨진 암막새 기와가 확인되면서 '구름이 머물다 가는 절'이란 '雲住寺'가 일반화됐다. 여러 이름만큼 누가 어떤 이유로 세웠는지에 얽힌 이야기도 가지가지다. 인근 마을에 중국 설화에 전하는 선녀 마고할미의 이름을 딴 폭포와 손가락자국, 지팡이 바위가 있다고 해서 붙여진 '마고할머니 전설', 신라 고승 운주화상이 신령스러운 거북이의 도움을 받아 창건했다는 이야기, 미래불 미륵의 혁명사상을 믿는 천민과 노비들이 모여 세웠다는 설…. 이 가운데 가장 대표적인 것이 도선국사 창건설이다. 신라 말 도선국사가 한반도를 배의 형국으로 보고 동쪽엔 산이 많지만 서쪽엔 산이 없어 나라의 운세가 일본으로 치우치는 것을 막기 위해 배의 명치 부분인 운주사를 조성해 균형을 잡았다는 것이다.

▲운주사 일주문 북쪽의 구층석탑(보물 796호). 면석과 옥개석에 새겨진 마름모꼴과 꽃문양이 특이하다.

하지만 이런 이야기들은 모두 한낱 '설'일 뿐 역사적 근거가 없다. 중종 25년(1530년) 신증동국여지승람(홍언필 편찬) '능성현조'의 "사찰 좌우 산등성이에 천불 천탑과 석조 불감이 있는 운주사가 있다"는 기록과 전남대박물관이 발굴한 암막새 기와와 '옴마니반메훔-밀교사원'이라 새겨진 수막새기와 등에 '운주사'란 이름이 등장한다. 이것 말고도 〈동국여지승람〉, 〈여지도서〉, 사찰지 〈범우고〉, 김정호의 〈대동지지〉 등에도 이름이 들어있지만 모두 "천불 천탑이 있다." "폐사되었다."는 정도의 단순한 내용이 고작이다.

학계에선 불상과 탑의 양식으로 미루어 대체로 11세기에 창건, 12세기에 천불 천탑이 조성됐고, 13세기에 백제탑 등 다른 석탑이 추가 제작됐으며, 정유재란 때 폐사된 것으로 본다. 1942년까지 사찰 안팎에 석불 213기와 석탑 30기가 있었으나 지금 남아있는 것은 석불 70기와 석탑 12기가 전부. 하지만 최근까지도 곳곳에서 불상과 불탑의 조각과 흔적들이 발굴되고 있는 만큼 실제로 천불천탑이 있었을 것이란 주장에도 힘이 실리고 있다.

평지와 야산 측면의 암벽 위아래에 무리지어 서 있는 석불들은 대부분 큰 돌의 앞면만 조각한 평판상인데 기법이 아주 치졸하다. 정통적인 양식에선 한참 동떨어진 채 한결같이 못생겼다. 불상의 이목구비 생김새나 비례, 조형미가 엉성해 부처의 위엄은 도무지 찾아볼 수 없다. 그럼에도 불구하고 할아버지·할머니 부처, 아빠·엄마 부처, 아들·딸 부처, 아기 부처처럼 친숙한 우리 이웃들의 애환과, 구원을 바라는 민중의 표정을 사실적으로 다듬어내려 애쓴 석공들의 토속적인 심성엔 깊은 정이 절로 느껴진다. 고은 시인은 그래서인지 "지지리도 못나 말 한 마디 못하고 울지도 못하고 56억 7000만 년 후에 올 후천개벽을 기다리지 못하고 그만 죽어버린 운주 천탑"이라는 말을 남겼다. 그런가 하면 소설가 황석영의 소설 〈장길산〉에서 운주사는 "새

▲운주사 골짜기 한가운데에 조성된 석조불감(보물 797호). 돌로 만든 감실에 등을 맞댄 두 불상을 봉안해놓았다.

세상을 꿈꾸며 천불 천탑을 세우려다 실패한 통한의 땅"으로 그려진다.

다른 고찰들에서 보이는 번듯한 전각도 찾아볼 수 없다. 도선국사가 사찰을 지을 당시 공사를 총지휘했다고 전해지는 공사바위 아래에 옹기종기 모여 있는 대웅전이며 지장전, 산신각, 일주문은 모두 1990년대 이후 만들어진 것. 허술한 가람과는 달리 사찰 중심의 석조불감(보물 797호)과 원형다층석탑(보물 798호), 일주문 안쪽의 구층석탑(보물 796호)은 다른 곳에선

▲석조불감 앞쪽에 서있는 원형다층석탑(보물 798호). 운주사에서만 볼 수 있는 둥근 탑신석과 원반형 옥개석을 갖춰 연화탑, 호떡탑 등으로 불린다.

찾아볼 수 없는 독특한 것들이다. 이 가운데 석조불감은 판석으로 만든 감실 안에 두 개의 불상을 꽉 차게 봉안한 게 인상적이다. 불상은 서로 등을 맞대고 앉은 형식인데 사찰 한가운데 본존을 모신 것으로 보아 바로 이곳이 야외법당이 아니었을까 생각해본다. 석조불감 바로 북편의 원형다층석탑도 이색적이다. 탑신부의 옥신과 옥개석을 모두 원반형으로 꾸민 이 석탑은 6층이 남아있지만 전통적으로 홀수 탑을 세웠던 것으로 미루어 원래는 7층이었을 것으로 보인

▲운주사 계곡 남쪽 입구 오른편의 석불들. 운주사에 흩어져 있는 석불들은 모두 엉성하고 못생겼지만 친숙하고 소박한 모습에 정이 끌린다.

◀공사바위 아래 운주사 계곡이 내려다보이는 암벽에 새겨진 마애여래좌상. 심하게 마모된 채 얼굴 부분만 또렷하다.

▲세계에서 유일한 석조 와불. 비로자나불 좌상과 석가모니불 입상을 암반에 나란히 조각한 거대한 불상이다.

다. 구층석탑은 운주사에서 가장 규모가 큰 탑. 큰 자연석 기단 위에 9층을 올렸는데 탑신의 각 면에 새긴 마름모꼴이나 그 안의 꽃문양은 이곳에서만 보여지는 특이한 것이다.

■ 무게 250t 자연석에 새긴 세계 유일의 석조 '부부 와불'

운주사의 석불·석탑들을 만드는 데 썼던 응회암 채석장이 있는 서쪽 야산 정상엔 세계 유일의 거대한 돌(石) 와불이 있다. 신도들이 탑돌이 하듯 이 와불 주위를 도는 모습을 흔히 볼 수 있을 만큼 운주사에서 가장 인기 있는 유적이다.

부처님이 옆으로 비스듬히 누운 형태의 일반적인 열반상과는 달리 앉은 모습의 비로자나불(길이 12.7m, 무게 150t 추정)과 선 모습의 석가모니불 입상(길이 10.26m, 무게 100t 추정)이 자연석에 나란히 조각된 형태. 두 불상이 나란히 누웠다 해서 '부부 와불'로 통한다.

도선국사가 새로운 세상을 열기 위해 천불 천탑을 하루 낮밤에 세운 뒤 맨 마지막에 두 부처를 세우려 했으나 공사 말미에 일을 싫어한 동자승이 일부러 "꼬끼오" 닭소리를 내자 석공들이 날이 샌 줄 알고 하늘로 가버려 와불로 남게 됐다는 이야기가 얽혀 있다.

와불 바로 아래엔 그 동자승이 벌을 받아 시위불(머슴 미륵)로 변했다는 석불입상이 서 있어 전설에 흥미를 더한다. 와불과 관련해 오래 전부터 "와불이 일어나는 날 이곳이 세상의 중심이 된다"는 말이 떠돌았으며, 일제강점기에 이 속설을 믿은 일본인들이 불상을 훼손했다는, 조금은 황당한 이야기도 있다.

자세히 들여다보면 두 석불의 북쪽 다리 부분이 남향의 머리 부분에 비해 5도 가량 경사져 있을 뿐만 아니라 좌상·입상 다리 부분과 좌상·입상 사이에 떼어내려 했던 흔적처럼 보이는 틈도 있다. 결국 산꼭대기에 있던 암반에 불상을 조각하긴 했지만 떼어내지 못한 '미완성 불상'으로 보여진다. 전문가들은 "일으켜 세울 수 없는 돌부처를 암반에 조각했을 리 없고, 250t은 충분히 됨직한 거대한 석불들을 어떻게 일으켜 세울 작정으로 암반에 조각했는지를 고려할 때 설계 잘못으로 인한 공사 중단으로 볼 수밖에 없다"는 쪽으로 가닥을 잡고 있다.

08 흐트러지지 않는 ㅁ자 가람
부안 능가산 내소사

▲백제 무왕기에 세워져 조선시대에 중창된 내소사 대웅전. 'ㅁ'자형 가람배치의 정점에 앉아 좀처럼 흐트러지지 않는 수행승처럼 찾는 이들에게 묵직한 화두를 쥐어준다.

한반도 서쪽 끝 국립공원 변산반도의 능가산 자락에 소담한 연꽃 형상으로 앉은 내소사 (전북 부안군 진서면 석포리). 국립공원 안에 들어있어 계절을 가리지 않고 신도며 관광객들의 발길이 이어지지만 항상 흐트러지지 않은 모습으로 손을 맞는 정갈한 고찰이다. 언제 어디에서건 평상심을 허물지 않는 법랍 높은 선지식(善知識)을 닮았다고나 할까. '맑고 때 묻지 않은 사찰'을 들 때 빠지지 않는 도량, '스님들이 가장 좋아하는 절집'의 명성만큼 내소사는 숱한 사연과 스님 이야기를 감추고 있다.

▲대웅전 천장의 한 부분. 설화 내용대로 마무리되지 못한 흔적이 있어 신비감을 더한다.

석가모니 부처님이 대승경전 능가경을 설했다는 '능가산'. '능히 모든 마장(魔障)을 끊고 해탈에 이를 수 있다'는 뜻이 담긴 불가의 마음 속 성지이자 길지이다. 언제부터인지는 모르지만 내소사의 주봉인 관음봉이 능가산이라 불리면서 이 내소사는 '능가산 내소사'로 통하게 되었다고 한다.

이름부터가 예사롭지 않은 1300년 고찰 내소사(來蘇寺)에 '내생(다음 세상)에 반드시 소생(蘇生)하라'는 창건주의 절절한 원이 서렸음을 아는 이가 얼마나 될까.

사찰이 처음 섰을 때의 이름은 내소사가 아닌 소래사(蘇來寺)였다

▲탄허 스님이 쓴 해안 선사의 비문. '생사가 여기에서 시작되지만 여기엔 생사가 없다(生死於是 是無生死)'는 뜻으로 내소사의 선풍을 압축해 보여 준다.

고 한다. 백제 무왕 34년(633년) 혜구(惠丘) 라는 스님이 대소래사와 소소래사 등 두 개의 절을 세웠는데 대소래사는 불 타 없어지고 지금의 소소래사만 남았다는 것이다.

원 이름인 소래사는 고려시대 정지상의 '제변산소래사'를 비롯한 시문들과 조선 중종 25년(1530년) 간행된 〈신증동국여지승람〉에 명확히 등장한다. 김정호의 〈대동지지〉에 소래사와 내소사란 표현이 혼용되지만 조선 숙종 26년(1700년) 조성된 〈영산회 괘불〉에 '내소사'란 이름이 처음 나오고 이후 〈해동지도〉 〈변산내소사사자암중건기〉 등 18~19세기 문헌엔 모두 내소사로 기록되어 있다.

소래사가 내소사로 바뀐 것을 놓고 세간에서는 "이곳 석포리에 상륙한 당나라 장수 소정방이 절에 찾아와 큰 시주를 한 뒤 이를 기념해 이름을 바꿔 불렀다"는 이야기가 전한다.

하지만 대부분의 학자들은 터무니없는 이야기라며 손사래를 친다. 이곳은 당시 나당 연합군에 맞서 싸운 백제의 마지막 저항지였던 만큼 있을 수 없는 일이라는 것이다.

절에 시주한 소정방의 이름 '소' 자에 절의 개명을 연결한 것이 맹랑해 보이지만 실제로 〈부안군지〉에는 이 이야기가 오래도록 기록으로 남아 있었다. 사대주의에 빠진 학자들이 이야기를 허투로 꾸며 군지에 올린 사실이 나중에 확인됐고, 부안군과 사찰 측이 그 기록을 삭제키로 합의했다는 웃지 못할 이야기가 전한다.

　사찰의 이름이 바뀐 연유는 아직도 명확치 않다. 하지만 소래사면 어떻고 내소사면 또 어떠한가. "이곳에 들어오는 모든 사람과 일이 소생되기를 바란다"는 큰 뜻에 차이가 없을 바에야….

　아무튼 학계에서는 〈부안지〉를 비롯한 여러 사료에 전하는 "경오년에 변산에 큰 불이 나 사찰과 임야가 모두 불탔다"는 기록을 바탕으로 1810년경 대소래사가 화재로 없어진 것으로 본다. 남은 소소래사는 1633년 청민(靑旻)이 중건했고, 1902년 관해(觀海)가 수축한 뒤 만허(萬虛)가 보수해 지금에 이르고 있다.

▼대웅전으로 오르기 전 반드시 지나야 하는 봉래루. 몸을 숙여 하심(下心)을 생각하다 보면 가람의 정점인 대웅보전 앞에 서게 된다.

▲대웅전 후불벽에 그려진 백의관음보살 좌상. 6칸의 흙벽에 관음상을 단숨에 그려낸 화공의 솜씨가 경이롭다.

일주문을 지나 600m에 걸친 전나무 숲을 관통해 천왕문에 서면 기둥의 예사롭지 않은 주련이 눈에 든다.

鐸鳴鐘落又竹毖(탁명종락우죽비)
鳳飛銀山鐵城外(봉비은산철성외)
若人問我喜消息(약인문아희소식)
會僧堂裡滿鉢供(회승당리만발공)

목탁소리 종소리 죽비소리 어울리니
은빛 산속에 봉황새가 날아드네

누가 내게 무슨 기쁜 일 있나 묻는다면
당우(堂宇)에서 스님들께 발우 가득 공양 올린다고 하리

내소사에 주석하며 호남지역에 선풍을 크게 일으킨 해안(海眼·
1901~1974) 대종사가 득도하면서 남긴 오도송. 얼핏 보면 산 속에서
수행하며 부처님께 예불하고 공양 올리는 기쁨의 평범한 표현이나
다름없다. 하지만 그저 스스로를 범부(凡夫)라 부르며 평생 수행에
몰두했던 선지식의 '칼날 같은 사자후' 라는 주지스님의 귀띔에 주
련을 다시 보지 않을 수 없다.

어릴 적부터 신동으로 소문났던 해
안 스님은 내소사에서 만허 스님을 은
사로 모시고 출가해 호남 선(禪) 불교
의 여명을 밝힌 인물. 평생 수행과 정
진으로 일관해 '호남지역의 대도인(大
道人)' 으로 추앙받았는데 늘상 제자들
에게 이렇게 말했다고 한다.

"절은 전쟁을 하는 곳이야. 죽느냐
사느냐 하는 막다른 골목에서 생명을
걸고 싸우는 전쟁터란 말이야." 환갑
을 맞던 해에는 스스로 자신의 장례를
치르며 "다시 태어났다는 각오로 새롭
게 수행자로 거듭나겠다" 는 결의를 다
졌다고 한다.

▲대웅전 정면의 꽃무늬 창살. 단청
이 모두 지워진 조각이 속살을 드러
낸 여인의 몸처럼 소박하면서도 생
생하다.

일주문 왼쪽으로 난 비탈길을 오르면 내소사를

중창시킨 해안 스님을 비롯한 고승들을 모신 부도전이 있다.

해안 스님의 부도 앞 비석엔 '해안범부지비'라 쓰여져 있다. 뒷면에 탄허 스님이 쓴 비문 '生死於是 是無生死 (생사가 이곳에서 나왔으나 이곳에는 생사가 없다)'에 눈길이 쏠린다. 해안 스님 입적 후 제자들이 오대산의 탄허 스님을 찾아가 어렵게 부탁해 받은 글. 오랜 세월이 흘러도 내소사의 사격과 선풍이 변치 않는 이유를

▲대웅전 삼존불과 화려한 천장. 삼존불의 설법에 하늘의 온갖 아름다운 음악과 꽃으로 화답하는 듯한 천장 장식이 조화를 이룬다.

짐작할 수 있을 것 같다. 천왕문 앞에는 '할아버지 당산목'이라 불리는 수령 700년의 거대한 느티나무가 서 있다.

일주문 앞에도 비슷한 나이의 느티나무가 서 있는데 '할머니 당산목'이라 이름붙인 점이 흥미롭다. 과거엔 음력 정월 대보름 전날 밤, 이 느티나무 앞에 제수를 차려 내소사 스님이 주관해 절 안에서 재를

모신 뒤 내소사 입구 느티나무에서 마을사람들과 합동으로 동제를 지내곤 했단다. 토속신앙과 불교가 융화된 독특한 당산제로 다른 지방에선 좀처럼 찾아볼 수 없는 것이다.

1914년 실상사(實相寺) 터에서 옮겨왔다는 봉래루 누각을 지나려면 고개를 숙여야 한다. '아상(我相)을 버리고 나 자신을 낮춘다' 는 바로 그 하심(下心)으로 몸을 옮기면 이내 대웅전으로 치닫는다. 계단을 올라 허리를 펴면 맞은 편 정면에 단청이 모두 지워진 알몸의 소박한 대웅전이 마침내 모습을 드러낸다.

■ 미완의 대웅전이 된 까닭은

내소사의 백미는 뭐니 뭐니 해도 'ㅁ'자 가람배치의 정점인 대웅보전(보물 291호)이다. 1633년 만들어져 지금까지 원형을 보존하고 있는 조선 중기의 대표작격 전각. 전각의 단청은 모두 벗겨졌지만 "남길 것도 가져갈 것도 없는 무소유의 경지를 그대로 드러내 보인다"는 말을 실감케 한다. 이렇듯 이름난 전각이지만 누가 어떻게 세웠는지는 알려지지 않고 대신 숱한 설화들만 전한다. 설화의 내용은 다양하지만 대부분 대웅보전은 호랑이가 화현(化現)한 대호(大虎)선사가 지었고, 관세음보살상 등의 벽화는 관세음보살의 화현인 푸른 새가 그린 것으로 통한다. 그 내용은 이렇다.

"대웅전 건립공사를 맡은 화공이 단청을 하는 동안 절대 안을 들여다보지 말 것을 당부했다. 여러 날이 지나도 기척이 없어 궁금해진 이 절의 사미승이 문틈으로 엿보니 푸른 새 한 마리가 붓을 문 채 날아다니고 있었다. 이를 눈치 챈 새가 마무리를 안 하고 날아가 버리는 바람에 미완의 대웅전으로 남게 됐다."

설화의 내용대로 대웅보전의 동쪽 도리 중 하나는 바닥 색칠만 한 채 단청을 넣지 못했다. 천장의 공포 한 군데에도 목침 크기만한 빈 공간이 있는데 법당을 지을 때 동자승이 재목을 감추었기 때문이라는 이야기가 전한다.

의장(意匠)과 기법도 독창적이다. 아주 복잡한 구조의 다포식 구조이지만 못을 쓴 흔적이라곤 찾아볼 수 없다. 순전히 나무로만 깎고 짜맞춘 솜씨가 그야말로 구도의 경지 그 자체이다.

법당 안 벽면에 그려진 관세음보살상 등의 탱화도 모두 일품. 특히 삼존불을 모신 후불벽의 '백의관음보살 좌상'은 남아있는 백의관음보살 중 가장 큰 것. 백색 옷으로 전신을 감싼 채 바위에 앉은 모습인데 총 6칸 흙벽에 단숨에 그려낸 신심이 엿보인다.

대웅전 전면의 8짝 봉합창문을 장엄(莊嚴)하고 있는 꽃 문살도 빼놓을 수 없는 볼거리. 연꽃, 국화, 모란 등 여러 꽃무늬를 조각한 꽃 문살인데 마치 꽃잎이 살아있는 듯한 착각을 불러일으킬 만큼 아름답고 정교하다.

"부처님집 방 안은 용봉도 날고 아름다운 음악이 있고 온갖 꽃비가 내리는구나."

조계종 문화부장을 지낸 혜자 스님이 자신의 책 '마음으로 찾아가는 108산사'에 남긴 글이다.

09 국내 유일의 일본식 사찰
군산 동국사

▲일본 에도(江戶)시대의 건축양식으로 지어진 동국사 전경. 현존하는 유일의 일본식 사찰로 일제강점기 일본 사찰의 활동상과 함께 옛 일본 불교 양식을 살필 수 있는 등록문화재다.

▲주 법당(현 대웅전)과 요사채를 연결하는 통로. 대웅전과 요사채가 분리된 한국 사찰과는 사뭇 다른 모습이다.

서해안 대표 항도(港都) 군산의 동국사(전북 군산시 금광동 135의1, 등록문화재 제64호)는 일제강점기 이 땅에 있던 500여 개의 일본 사찰 가운데 유일하게 남은 것이다. 경술국치가 있던 바로 전해인 1909년 일본인 승려에 의해 개창된 뒤 1913년 철저하게 일본 불교 전통의 건축양식으로 지어져 지금도 초창기 모습을 그대로 갖추고 있다. 해방 후 대한민국 정부에 이관됐다가 조계종 제24교구 선운사 말사로 등록됐지만 군산 시민을 포함한 일반인은 물론 신도들에게조차 생경할 정도로 '소외된 사찰'. 하지만 한국을 찾는 일본인 관광객들을 위한 안내책자에 꼭 소개될 만큼 일본엔 각별한 의미를 갖는 문화재로 우리에겐 일제 식민지시대의 아픔을 담고 있는 역사의 큰 흔적이다.

북·남부로 금강과 만경강이 흐르며 넓은 평야를 형성하는 군산

▲법당(대웅전) 내부. 일본 사찰 양식대로 조성된 법당 공간은 초창기 모습 그대로이지만, 불상이며 탱화들은 모두 해방 후 새로 봉안된 것이다.

은 예로부터 빼놓을 수 없는 호남의 주요 곡창. 1899년 개항과 함께 개항장의 외국인 전용 주거지역인 조계지가 설정되면서 일본화 되었던 도시다. 〈군산시지〉에 따르면 동국사가 창건될 당시 전체 인구 4,900명 가운데 일본인이 절반에 가까운 2,000여 명이었으니 일제가 얼마만큼 군산에 눈독을 들였는지를 알 수 있다.

대부분의 열강들이 조선 개항에 종교를 앞세웠던 것처럼 일본도 똑같은 수순을 밟았다. 1877년 부산 개항과 동시에 일본 정부의 강요에 따라 정토진종과 일연종 등 각종 불교 종파가 물밀듯이 들어왔다. 이 불교세력들이 각 지역에 자리잡는 데는 물론 넓은 토지를 확보한 일본인 유지들이 앞장섰다. 군산에도 여러 종파가 들어왔으며, 동국사가 창건되기 전 이미 6개의 일본 사찰이 운영되고 있었다고 한다.

▲일본 교토에서 주조해 들여온 범종과 명문. 일제시대 동국사의 원 사찰인 금강사 창건 시기와 주지, 시주자들의 이름이 새겨져 있다.

　　동국사는 한일합방 전 해인 1909년 일본 조동종(曹洞宗) 승려 우치다 붓관(內田佛觀)이 금강선사(錦江禪寺)란 이름으로 개창했지만 사찰 자체는 4년 뒤인 1913년 세워졌다. 사찰 관련 기록이 남아 있지 않아 여러 이야기들이 떠돌았으나 동국사 스님들이 지난 2005년 대웅전 남쪽의 범종 명문을 탁본해 밝혀낸 것이다. 1919년 일본인 주지 현정이 쓴 명문에는 "천황의 은덕이 영원히 미치게 하니, 국가의 이익과 백성의 복락이 일본이나 한국이나 같이 굳세게 될 것이다"라고 적혀 있어 당시 이 사찰의 사격이 어땠는지를 짐작케 한다. 명문에 붙인 발기인들은 김제 등 호남평야의 대부분을 차지해 지금도 군산시 지적부에 이름이 남아 있는 일본인 유지들. 일본 게이오대를 졸업한 뒤 군산에 자리잡고 2,975만4,000㎡의 땅을 경작했다는 구마모토 리헤

이(熊本利平)며 도요사키 게타로(富岐佳太郎), 오사와 도주로(大澤藤十郎) 등 대지주 6명이 들어 있다. 사찰의 설계자와 건축자는 밝혀지지 않았지만 "일본 에도(江戶) 건축양식을 그대로 따랐다"는 문화재청의 기록화 조사보고서대로 사찰 안에 들어서면 자연스레 일본 분위기에 휩싸인다. 우선 정면 5칸, 측면 5칸에 팔작지붕을 인 정방형의 대웅전과 전형적인 일본식 건축인 요사채가 한 건물로 이어져 있다. 법당과 요사채가 떨어져 있는 한국의 사찰들과는 영 딴판이다.

▲망치와 정으로 으깨진 석불상 뒷면의 일본어 명문. 해방이 되면서 다른 일본 사찰들과 마찬가지로 많은 부분이 훼손됐다.

대웅전을 들어가려면 요사채와 연결된 복도를 통해야 하며, 요사채의 각 방에는 일본 가옥에서 흔히 볼 수 있는 수납장들이 다닥다닥 붙어 있다. 한국의 사찰과는 달리 장식이나 벽화를 일절 쓰지 않은 맨 벽의 대웅전 뒤편에는 원래 납골당이 붙어 있었지만 1960년대에 헐렸다. 납골당의 유골들을 모두 수습해 금강에 뿌렸는데 이 소식을 들은 후손들이 찾아와 대성통곡하며 절 마당의 흙을 담아갔다고 한다. 대웅전의 앞쪽과 양 측면엔 모두 창호를 설치해 습기가 많은 섬나라의 건축 양식을 그대로 보여준다. 대웅전 기둥이며 이 기둥들을 잇는 인방과 불단, 공포의 목재

▲옛 금강사 지붕에 올렸던 귀면 기와. 옛 사명인 금강사(錦江寺)를 나타낸 錦자가 선명하다.

는 모두 직접 일본에서 날라온 쓰기목(일본 향나무 종)을 썼다.

　　대웅전 출입 공간인 정면 앞 칸의 바닥이 시멘트로 마감된 것도 독특하다. 법당에서 신발을 벗지 않고 선 채로 예배를 드리는 일본 불교 전통에 맞춘 것이다. 대웅전 바닥엔 원래 다다미가 깔렸으나 한국전쟁 중 인민군이 철거했고 대신 장마루가 깔려 있다. 건물 뒷벽에 조성된 불단에는 소조 석가모니불좌상을 중심으로 양 옆에 가섭·아난 존자 등 삼존불을 모셨다. 주불인 석가모니불은 해방 이후 이 사찰을 인수해 '동국사'란 이름으로 개명한 남곡 (1983년 입적) 스님이 김제 금산사에서 이운해왔다.

　　남곡 스님은 조계종 총무원 재무·교무부장과 조계사·선운사 주지를 지낸 조계종의 이름난 스님. 절의 이름을 '해동대한민국'을 줄

▲일제시대 금강사의 모습.

인 동국사로 바꾸고 불단의 석가모니불을 애써 금산사에서 옮겨온 것을 볼 때 일제의 흔적을 지우려 무던히 애를 썼던 것 같다. 그럼에도 대웅전의 석가모니불 머리 위 천장에서 내리건 보산개는 치우지 않았다. 한국 사찰 대웅전의 닫집 격인 보산개는 일본 사찰에서만 볼 수 있는 장엄물이지만 워낙 특이하기 때문에 그대로 둔 것이 아닐까.

 범종각에 걸린 범종도 지면과 거의 맞닿아 있는 한국의 범종과는 달리 종각 지붕에 높다랗게 매달려 있어 특이하다. 범종각 앞에 늘어선 석불상에선 주술과 밀교 성격이 강한 일본 불교가 그대로 읽혀진다. 우리 사찰에선 흔한 불탑 대신 관세음보살이 중생을 교화하기 위해 33가지의 모습으로 현현한다는 33신과 여래·보살상 7기를 세웠는데 지금은 2기가 없어진 채 38기만 남아 있다. 절에 들어온 일본인 신도들은 맨 먼저 12개의 띠별로 조성된 이 석불상에서 소원을 빌고 석불상 앞에 일종의 세숫대야로 만들어놓은 황등(黃燈)에서 손을 씻은 뒤 법당에 들어갔다고 한다.

해방이 되면서 일본 사찰들은 다른 일본 건물들과 마찬가지로 대부분 훼손되거나 사라져갔다. 동국사도 석불상과 사찰 입구 기둥에 새겨진 일본 글씨들이 하나도 남김없이 망치로 뭉개졌고 조선총독부 건물로 쓰였던 옛 중앙청 건물이 헐린 1995년 무렵엔 군산시청이 철거를 시도하기도 했다. 그럼에도 불구하고 대웅전이며 요사채, 범종이 온전하게 남게 된 이유는 무엇일까. 남곡 스님의 법맥을 이은 동국사 회주 스님의 대답은 이렇다. "아픈 역사도 엄연한 역사인데 지우려고만 든다고 지워지나요. 반면교사로 삼아 후대에 교훈으로 남겨야지요." 스님 말마따나 총무 종걸 스님은 지난해부터 일본 조동종 본부와 창건주의 후손들을 만나며 〈동국사지〉를 정리하고 있다. 1주일 평균 50여 명씩 찾아드는 일본인 관광객이며 건축학도들도 살갑게 맞이한다.

■고은 시인이 한 쪽 청력 잃고 19세 때 출가한 곳

동국사는 절 자체가 잘 알려지지 않았지만 군산 출신인 고은 시인이 출가한 절이란 사실을 아는 이는 더욱 드물다. 고은 시인의 출가 후 환속까지에는 여러 이야기들이 전해지지만 동국사에 얽힌 이야기는 별로 없다. 다만 작품에 동국사의 만리향을 언급한 대목이 자주 등장한다. 이 만리향은 대웅전 앞의 것을 비롯해 5그루가 있었는데, 지금은 4그루만 남아 있다.

동국사 스님들에 따르면 고은 시인은 어린 시절부터 동국사를 자주 찾곤 했다. 6·25전쟁 직후 극약을 먹고 자살하려 했으나 후유증으로 한쪽 귀의 고막을 심하게 다친 뒤 방황하다가 이곳에 머물던 객승 혜초 스님을 만나 참선을 배우며 불교에 빠져들었다. 군산북중 미술교사로 있던 19세 때인 1952년 마침내 혜초 스님에게 중장이란 법명을 받아 출가했다고 한다. 동국사 회주 재훈 스님에 따르면 기승(奇僧)으로 알려진 혜초 스님은 고은 시인과 전국을 떠돌았는데 "너는 나의 제자이지만 스승"이라며 고은 시인과 절을 주고받았다고 한다. 하루는 고은 시인이 은사인 혜초 스님에게 절을 받고, 다음날은 혜초 스님이 고은 시인에게 절을 받곤 하였던 것이다.

결국 혜초 스님은 고은 시인의 그릇을 알아본 때문인지 당시 통영 미래사에 주석하던 효봉 스님을 은사로 추천했으며, 고은 시인은 효봉 스님을 찾아가 일초라는 법명을 새로 받았다고 한다.

27세 때 2개월간 해인사 주지 서리 소임을 맡기도 했던 고은 시인은 이후 조계종 총무원 간부와 불교신문 주필, 전등사 주지를 지낸 뒤 만행을 계속하다가 1962년 환속했으며 틈날 때마다 출가사찰인 동국사를 찾곤 했다.

10 500년 만에 복원된
개성 영통사

▲남북이 뜻을 모아 500년 만에 복원한 고려 사찰 영통사. 17세기 중반 소실되어 폐사로 남아 있었으나 고증을 거쳐 옛 모습 그대로 되살아난 29개의 전각이 천태종찰의 위상을 그대로 보여준다.

남과 북이 공동으로 복원 불사에 나서 2005년 10월 원래의 모습을 되살려 놓은 고려 사찰 개성 영통사(개성시 개풍군 영남면 용흥리). 고려 태조 왕건의 조상들이 터를 잡고 살았던 왕씨의 발상지이자, 대각국사 의천이 출가해 35년간 주석하며 한국 천태종을 개창한 유서 깊은 고찰이다. 고려 현종 18년(1027년)에 창건되어 고려 왕실의 각별한 관심과 지원을 받아 융성했으나 16세기쯤 소실되어 이름만 전하던 사찰. 천태종 개창자인 대각국사비와 당간지주, 그리고 세 개의 탑만 덩그맣게 남아있던 것을 남북이 힘을 모아 29개의 전각을 원 모습대로 세워놓았다. 500여 년간 불교계에선 그저 '꿈의 성지'로 남아있었던 폐사 영통사. 하지만 이젠 웅장한 제 모습을 어엿하게 되찾아 일반 신도들의 발길을 기다리고 있다.

▲영통사 앞에 세워진 당간지주. 국내에 남은 전통사찰의 당간지주 중 가장 특이한 형태의 것으로 유명하다.

조선 중기의 기록들에 따르면 고려시대 불교가 한창 성할 무렵 개성 성내에는 300여 개의 사찰이 있었으며 절 이름을 확인할 수 있는 것만도 100개가 넘는다고 한다. 태조 왕건 자신도 고려를 세운 뒤 궁궐 주변과 송악산 기슭에 25개의 절을 지었던 것으로 전한다. 이 가운데 갓을 쓴 5개의 산봉우리처럼 보인다고 해서 이름 붙여진 오관산(五冠山) 아래, 영통사가 자리 잡은 영통골은 예로부터 절경과 길지로 이름 높았다.

'큰 골짜기'란 뜻의 마하갑으로 통했던 영통골에서 왕건의 할아버지가 출생했다. 승려가 된 증조 할아버지도 이곳에 작은 절을 짓고 살았는데, 왕건이 고려를 세운 뒤 절을 중창해 이름을 숭복원이라 고쳐지었다고 한다. 이후 고려 왕실은 숭복원을 왕의 원당으로 삼아 왕건의 아버지인 세조 왕륭과 태조 왕건, 문종, 인종, 명종 등 역대 왕의 초상을 모셔놓고 정기적으로 참배했다. 지금 영통사란 이름의 사찰은 고려 현종기인 1027년 그 자리에 세워진 것으로 전한다.

왕실 사찰의 위상에 더해 영통사가 세상에 널리 알려진 것은 11세기 대각국사 의천이 천태종을 개창하면서부터. 대각국사 의천은 이곳에서 35년간 주석하며 불교학

▼영통사의 중심 건물인 보광원 불전. 대웅전격 전각으로 비로자나불과 좌우에 석가모니불·보사나불을 모셨다.

설을 강의해 남북한을 통틀어 빼놓을 수 없는 명찰로 키웠다.

1530년 편찬된 〈동국여지승람〉에 영통사의 온전한 모습이 등장하고 있지만 1671년 김창협의 〈송도유람기〉에 적힌 "영통사의 주요건물이 불탔다"는 기록으로 미루어 16세기 중반 절이 소실됐을 것으로 학계는 추정하고 있다. 북한이 고려 왕조에 눈을 돌리기 시작할 무렵인 1997년부터 북한 조선사회과학원과 일본 다이쇼(大正) 대학이 공동으로 발굴 작업을 벌였다. 이후 남한의 천태종이

▲대각국사비. 의천 입적 후 고려 17대왕 인종의 지시로 세워졌다.

50억 원 상당의 기와 46만 장, 단청 재료, 묘목 등을 제공해 5만9,500㎡ 부지에 고려 양식의 원 사찰을 고스란히 되살려놓은 것이다.

형태는 옛 고려 사찰 그대로이지만 북한군이 상주하며 올려 세운 전각들은 한결같이 콘크리트 건물이어서 아쉬움이 남는다. 하지만 절 앞에 서면 예사롭지 않은 대찰이었음을 금세 알 수 있다. 주차장에 바로 붙여 조성한 큰 마당 서편에 선 높이 4.7m, 두 돌기둥 사이 폭 72㎝의 거대한 당간지주가 당시 영통사의 사격이 어떠했는지를 짐작하게 한다.

남한 사찰에선 흔한 일주문은 보이지 않는다. 일주문 격인 남문을 통해 절 안에 들면 거대한 회랑으로 나뉜 3개의 구역에 각각 들어앉은 전각들이 웅장하게 다가온다.

서편 끝의 종루와 동편 모서리의 경루가 회랑으로 연결된 정문인

▲일주문 격인 남문. 남한 사찰의 일반적인 일주문과는 달리 사찰 맨 앞에 별개의 전각처럼 서 있다.

중문에 들어서면 양 옆의 삼층석탑, 가운데에 오층석탑을 거느린 보광원이 우뚝 선 채 내려다보고 있다. 전통 사찰의 대웅전격 전각으로 영통사에선 중심 건물. 2층 구조의 지붕 아래 닫집을 만들어 그 아래 비로자나불을 중심으로 좌우에 석가모니불과 노사나불을 모셨다.

보광원 뒤편에는 중각원과 숭복원이 차례로 앉았다. 중각원은 대각국사와 제자들이 공부를 하던 곳. 〈고려사〉에는 이곳에서 50여 차례의 대규모 강의가 있었던 것으로 전한다. 숭복원은 태조 왕건의 원당으로 썼던 곳으로 나중에 사찰을 찾는 왕의 숙소로도 사용되어 행궁이라 불린다. 회랑으로 사방을 막은 것을 볼 때 당시에도 사찰의 다른 공간과 경계를 철저히 했음을 알 수 있다.

관세음보살을 봉안한 보조원 구역을 들어가려면 동문을 통해야 한다. 동문 앞에는 그 유명한 대각국사비가 우뚝 섰다. 거북 받침과 바닥돌을 1개의 통돌로 만들었는데 비 높이가 4.32m나 된다. 앞면엔 어린 시절부터 천태종을 개창하기까지의 대각국사 행적을 새겼고, 뒷면에는 대각국사 제자 영근화상이 해서체로 쓴 묘실과 비명 내력인 사적기와 문도들의 이름이며 직명을 적은 제자 혜소의 글이 들어 있다. 보조원 뒤편에는 영통사와 관련 있는 역대 고려 왕들의 초상을 모신 영영원이 서 있다.

사찰 뒤편 산 중턱엔 대각국사의 화상을 모신 경선원이 사찰을 내려다보고 있다. 대각국사는 이곳에서 서쪽으로 4km 떨어진 총지사에서 열반했는데 대각국사의 유언을 따른 제자들이 영통사에 잠시 법구를 안장했다가 다비한 다음 사리탑인 부도를 세웠다고 한다. 경선원 바로 앞에는 그 때 세운 부도가 그대로 서 있다.

▲대각국사 의천

'송도제일루(松都第一樓)'라 쓰인 종루에서 회랑을 통해 동쪽 끝 경루에 올라서면 옛 시인이 쓴 시구가 눈에 든다.

    오관산하고총림(五冠山下古叢林)
    풍만누대녹수음(風滿樓臺綠樹陰)
    경절진훤상한적(境絶塵喧常閒寂)

    오관산 아래 총림이 섰으니
    바람 가득한 누대에 푸른 나무숲이 우거졌구나
    빼어난 절경에 티끌마저 사라지니 이 얼마나 한가롭고 고요한가

남북이 합동 공사를 진행하면서 서로 다른 입장 차로 인해 수차례

나 중단될 뻔했던 영통사 복원. 처음부터 수월치 않았지만 마침내 500년 염원을 풀어낸 큰 불사를 예견한 듯해 보는 이들을 숙연하게 만든다.

■대각국사 의천은

영통사는 고려 왕조의 위상을 다시 세우기 위한 북한의 정책에 따라 500년 만에 복원되었지만 천태종찰을 되찾기 위한 남북한 불교계의 원력으로 되살아났다는 종교적 의미를 갖는다. 말할 나위 없이 그 가운데에 대각국사 의천(1055~1101)이 있다.

대각국사 의천은 태조 왕건의 4세손인 고려 11대 문종왕의 넷째 아들로 만월대 왕궁에서 태어난 인물. 여러 왕자들을 불러 모은 문종이 당시 왕들도 자식을 승려로 만들었던 세태를 따라 "누가 승려가 되겠느냐"고 물었는데 의천이 서슴없이 부왕의 뜻을 받들어 영통사로 출가했다고 한다.

10살 때 출가해 2년 뒤 승가에서 수여하는 높은 칭호인 '우세승통'에 올랐고, 송나라의 이름난 사찰을 돌며 선지식인들과 만나 불교를 익혔다. 송나라에서 가져온 불경·경서 1,000권 등을 모아 흥왕사에 교장도감을 설치, 이곳에서 1,000여 종 4,769권에 달하는 불경을 출판한 게 '고려속장경'이다. 고려속장경은 원나라의 침략으로 1232년 불탔다.

의천은 어머니와 선종이 죽은 뒤 남쪽으로 유람해 합천 해인사에 은거하던 중 의천의 셋째 형인 숙종의 부름을 받아 흥왕사 주지로 있다가 개성 총지사에서 입적했다. 의천이 세운 천태종은 중국, 일본 등 동아시아 여러 나라들에 전파되었으며 의천은 입적 후 대각국사라는 시호를 받았다. 대각국사비는 17대 왕 인종의 지시에 따라 세워진 것이다.

민족종교
한국 정교회
이슬람교

원불교 발상지 영광 영산성지

증산도 성소 대전 태을궁(太乙宮)

천도교 발상지 경주 용담정

한국 정교회의 요람 성 니콜라스 서울대성당

한국 이슬람의 핵 이슬람 중앙사원

01 원불교 발상지

영광 영산성지

▲옥녀봉에서 내려다본 원불교 영산성지. 교조 소태산 박중빈 대종사가 제자들과 함께 바닷물을 막아 대규모 농토를 일군 정관평 너머로 원불교 개교 당시의 사연을 담은 크고 작은 건물들이 옹기종기 들어앉아 있다.

▲영산성지의 중심건물인 영산원. 이른바 '백지혈인'의 전설이 담긴 원불교 최초의 건물이다.

　전남 영광군은 이런저런 명물과 사연들로 이름난 곳이지만 종교계에선 단연 '원불교의 고장'으로 통한다. 그 중에서도 영광읍 중심부로부터 약 10㎞ 떨어진 백수읍 길룡리 일대는 원불교가 시작된 제1성지로 연중 순례객들의 발길이 이어진다. 교조 소태산 박중빈(1891~1943) 대종사가 탄생해 구도, 대각하고 원불교의 문을 연 근원 성지. 소태산 대종사가 탄생한 이후 원불교의 교법을 제정하기 위해 변산으로 자리를 옮기기 이전까지 29년간에 걸친 '구도자의 혼'이 묻어있는 곳이다. 그런 만큼 탄생가, 구도지, 대각지를 비롯해 교단 초기의 각종 행적들을 고스란히 보여주는 사적, 유물들이 곳곳에 보관 전시되고 있다. 주위에는 영산수도원, 영산원불교대학교, 대안학교인 영산성지고등학교, 영산성지송학중학교 등이 둘러서 있어 거대한 원불교 단지를 이루고 있다.
　원불교 교조인 소태산 대종사는 이곳 길룡리 영촌마을의 평범한 농가에서 태어나 1916년 26세의 나이로 깨달음을 이룬 인물. 지금도 길룡리 주민들에게 소태산 대종사는 어려서부터 자연현상과 생로병사에 대해 의심이 많았던 범상치 않은 인물로 전해진다. "만유가 한 체성이며 만법이 한 근원이로다. 이 가운데 생멸 없는 도와 인과 보응되는 이치가 서로 바탕하여 한 뚜렷한 기틀을 지었도다"라고 대각의 기쁨을 표현했다는 소태산 대종사. 그가 "물질이 개벽되니 정신을 개벽하자"라는 표어를 내세우고 9인의 제자들과 함께 생활불교, 대중불교를 표방하며 창시한 게 바로 원불교다.

●16만5,000㎡ 간척지 '정관평' … 낙원 건설 의지 서려

　전남 영광은 예로부터 조창이 있었고 쌀·소금·굴비 생산이 많아 '삼백고', '옥당골'로 불렸던 곳. 특산물과 '먹을 것'이 풍부했던 만큼 이것들을 진상해 출세하려는 관리들이 다투어 눈독을 들였다고 한다. 그런가 하면 6·25전쟁 중에는 민간인이 2만1,000명이나 사망했고, 전국에서 부녀자와 어린이 희생자가 가장 많았던 지역이다.
　이에 비해 지금의 영산 성지가 있는 길룡리 일대는 대대로 궁벽산촌이었고, 지금도 사정은 별반 다르지 않다. 성지에서 동쪽으로 얼마 떨어지지 않은 선진포에서 법성포까지 배를 이용해 다닐 만큼 바닷물이 성지 인근까지 들어왔고, 성지 앞은 개펄지대였다. 소태산 대종사가 대각 후 가장 먼저 시작한 일이 바로 바닷물을 막아 이 개펄을 농토로 만든 간척사업인 방언공사다. 제자들과 함께 2차례에 걸친 공사 끝에 모두 16만5,000㎡의 논밭을 일구었다고 한다. 이른바 정관

▲원불교 영산성지의 중심 부분. 뒤쪽 둥근 초가지붕 건물이 원불교 최초의 건물 영산원이고, 그 맞은편 것이 정산 종사와 가족들이 살았던 법모실이다.

평으로, 중국 당태종의 연호인 정관에서 따 평화 안락한 낙원세계 건설의 의지를 나타내고 있다. 대종사는 정관평 간척사업을 하면서 저축조합을 운영했는데, 이 저축조합을 독립운동 자금과 관련된 것으로 의심한 일본 경찰들에게 붙들려 수감되는 등 숱한 고초를 겪었다고 한다. 지금 이 정관평 논밭의 3분의 2는 원불교 교무들이, 나머지는 주민들이 나누어 경작하고 있다.

성지 한가운데 자리 잡은 초가집 영산원은 대종사와 제자들이 방언공사를 하면서 공사 사무실 겸 집회소로 썼던 원불교 최초의 건물. 지금 전국에 퍼져 있는 교당들의 효시 격이다. 1918년 지금의 성지에서 400m 떨어진 생가 터 옆에 지은 구간도실(九間道室)이 원래의 건물로 1923년 성지를 조성하면서 현재의 위치로 옮긴 것이다.

● 아홉 칸 방 '구간도실'엔 '백지혈인' 전설이…

구간도실이란 가로 세 칸, 세로 세 칸의 아홉 칸 방에서 제자들이 함께 공부하고 기도하는 집이라 해서 붙여진 이름. 그런데 이 구간도실에는 원불교에서 빼놓을 수 없는 '백지혈인(白指血印)'이란 이적의 전설이 담겨있다. 방언공사를 끝낸 대종사가 여덟 명의 제자들에게 각각 칼을 나누어주고 원불교의 큰 뜻, 즉 공도를 위해 죽어도 여한이 없다는 '사무여한(死無餘恨)'의 정신을 시험했던 것. 대종사로부터 자결할 것을 명령받은 제자들이 자결하기 전 흰 종이에 맨손가락으로 도장을 찍었는데 모두 핏자국이 나타났다는 이야기다. 교단의 신성성을 부각시키기 위한 전설로 통하지만 원불교 교역자인 교무들은 한결같이 교역의 으뜸정신으로 되새긴다.

영산원 맞은편의 초가 법모실은 대종사와 2대

▼옥녀봉 정상 아랫부분 바위에 새겨진 원불교의 상징 일원상.

▲영산성지에 자리 잡은 대각전. 1936년 지어진 법당으로, 정면에 일원상을 봉안했고, 그 우측에 소태산 대종사 영정을 모셨다.

교주 정산 종사의 인연을 보여주는 건물. 정산 종사는 경상도 성주 출신으로 증산교를 찾아 정읍에 들어와, 원불교 총장을 지낸 김삼룡 박사의 조모 집에 기숙하고 있었다고 한다. 당시 정산 종사와는 아무런 안면이나 인연이 없었던 대종사가 직접 정산 종사를 찾아가 연을 맺어 정산 종사와 가족들이 모두 옮겨 살았던 곳이 바로 이 법모실이다. 대종사와 정산 종사의 인연은 후계 전통이 되어 최고 지도자는 임기 중 반드시 후계자를 양성해 지목하도록 규정하고 있다. 영산원·법모실을 중심으로 둘러선 대종사 탄생가, 일원상을 새긴 옥녀봉, 방언공사를 마친 뒤 이를 기념한 삼밭재 마당바위, 대종사가 자주 찾아 정진했다는 선진포 입정터, 깨달음을 얻은 노루목 대각터, 만고일월비, 정관평 방언답, 방언공사 제명바위, 구간도실터, 구인기도봉 등에는 모두 나

▲ '백지혈인'의 전설을 낳은 구간도실 터 앞에 조성한 '백지혈인'의 청동 상징물.

름대로의 사연이 담겨 있다. 석가모니불의 영산회상에 연원을 두었다는 영산. 소태산 대종사와 제자들은 '영산회상'을 재현할 것이라는 뜻에서 이름 붙여 일군 이곳을 떠나 1924년 전북 익산군 북일면 신룡리(현재 익산시 신룡동)에 본산인 총부를 세웠다. 하지만 대종사가 득도했다는 대각터에 세워진 대각기념비에는 지금도 '만고일월(萬古日月)'의 글씨가 또렷하다. 대종사의 뒤를 이은 정산 종사의 제의로 새겨진, 원불교의 과거이자 미래의 압축 상징이다.

■1916년 개교 '원불교'는

　1916년 소태산 대종사가 개교한 원불교는 흔히 불교와 혼동된다. 그러나 불교와는 엄연히 구별되는 한국의 대표적인 민족종교 중 하나다. 전통적으로 불교가 출가승 중심의 수행과 승단 구조를 갖는데 비해 원불교는 불교의 '처처불상', 즉 '우주 만물 어디에든 불성(佛性)이 있다'는 원칙 아래 출가승이 아니라도 누구나 깨달음을 얻을 수 있다는 생활불교의 특성이 강하다. 그래서 수행을 통한 깨달음과 견성보다는 종교적 신앙을 바탕으로 하면서도 현실 세계에서의 실질적인 도덕 훈련을 강조한다. 불상 대신 원(圓)을 모시는데 이 일원상(一圓相)은 시작과 끝이 없는 불생불멸과 인과보응의 진리를 형상으로 표현한 것이다. 교단에선 특히 '은혜'를 중시하며 사은(四恩), 즉 '내가 받은 천지(天地)·부모(父母)·동포(同胞)·법률(法律)의 4가지 은혜를 돌려 갚는다'는 것을 핵심 교리로 세우고 있다. 현재 국내에 15개 교구 550여개 교당과 180여 기관, 국외에 5개 교구 14개국 51개 교당과 9개 기관 등을 두고 교화 활동을 전개하고 있다. 신도수는 140만 명. 심성계발훈련, 마음공부확산, 은혜심기운동, 남북통일운동, 종교협력운동 등을 통해 교세가 급속히 확장되고 있으며, 현재 국내 4대 종교 중 하나로 꼽힌다. 서울, 부산, 익산에 원음방송국을 연 데 이어 최근 군종 진입과 함께 평양에 국수공장을 설립하고, 캄보디아에 무료 구제병원을 연 것을 계기로 일반인들에게 훨씬 친숙해졌다. 한국 최초의 대안(代案) 중·고등학교인 영산성지고, 성지송학중학교를 비롯해 새터민 청소년 교육기관인 한겨레 중·고등학교 등 7개교를 설립해 운영하고 있으며, 영어·중국어를 비롯해 체코어·힌두어 등 21개 언어로 교서 번역 작업을 진행 중이다.

02 증산도 성소
대전 태을궁(太乙宮)

▲대전시 대덕구 중리동에 자리 잡은 증산도 교육문화회관. 증산도 도조(道祖) 강증산의 이름자를 형상화한 증산도 중심 건물로 시루와 산(山)자 모양의 외관이 독특하다.

▲강증산의 종통을 이은 보천교가 성했던 정읍 대흥마을. 일제강점기 이곳에서 독립운동을 도왔던 교주와 신도들이 탄압을 받아 와해되었으며, 지금은 옛 건물 7채만 남아 있다.

대전광역시 대덕구 중리동 409-1의 유별난 건물, 증산도 교육문화회관. 주변에 특별히 눈에 띄는 건물이 없기 때문이기도 하지만 돌출적인 건물 외양이 색다르다. 2002년 12월 들어선 뒤 대전의 명물로 널리 알려졌지만 이곳이 민족종교 증산도의 핵심임을 아는 이는 많지 않다. 정면에서 볼 때 왼편 시루(떡을 쪄서 익히는 질그릇) 형태의 태을궁을 포함해 전체적으로 '山'의 형상을 이룬 독특한 건물. 도조(道祖) 강증산(姜甑山·본명 一淳·1871~1909)의 이름자를 고스란히 건물로 형상화했다. 지금은 증산도 신도들의 교육장소로 쓰고 있지만 이른바 '후천개벽'이 이루어지는 새 시대에 세상의 모든 일을 도모할 근본 터로 계획해 세운, 증산도의 중심이다.

세미나실과 교육장 6개, 사무동, 숙소동, 증산도 케이블방송국이

▲강증산이 탄생한 전북 정읍시 신송마을. 멀리 시루산 시루봉이 보이는 마을 입구에 '강증산 성지'라 적힌 푯말이 서있다.

'山'자를 이루며 독특하게 포진해 있는 건물. 한꺼번에 7,000명을 수용할 수 있는 대규모 증산도 교육센터이지만 건물 맨 오른쪽엔 서점과 북카페를 차려 일반인들의 발길도 끊이지 않는다. 그 중에서도 가장 핵심 공간은 역시 시루 모양의 태을궁. 밖에서 볼 때도 그렇지만 안으로 들어가 보면 위가 넓고 아래는 좁은 원통형 시루 모양이 확연하다. 1,800석을 갖춘 실내의 조명과 음향, 영상 시스템은 국내 여느 대형 공연장 못지않은 수준. 무대 전면에 도조와 도조의 종통을 이은 태모(太母) 고수부, 태을천 상원군, 국조 단군왕검의 어진을 개사해 모신 신단이 눈길을 끈다.

도조 강증산은 전라도 고부군 우덕면 객망리(현 전북 정읍시 덕천면 신월리 신송마을) 시루산 아래 마을에서 태어나 호를 시루 증(甑)자와 산

▲전북 김제 금산사 미륵전의 미륵 불상. 증산도가 도조인 강증산의 탄생과 관련해 중시하는 불상으로 쇠로 만든 시루가 떠받치고 있다.

(山)자를 써 증산이라 지었다고 한다. 증산이란 이름엔 출생지 시루산 말고도 흥미로운 이야기가 얽혀 있다. 다름 아닌 1200여 년 전 신라 고승 진표율사가 세운 김제 금산사 미륵금상의 철수미좌 사연이다.

▲정읍 대흥마을에 남아 있는 보천교 건물의 기반석들.

진표 율사는 목숨을 건 망신참법의 수행을 통해 미륵불을 친견하고 미륵불의 계시에 따라 미륵금상을 세운 것으로 전해진다. 그런데 당시 쇠로 된 밑 없는 시루(철수미좌)를 놓고 그 위에 미륵금상을 조성한 것이 특이하다(지금 미륵금상 아래의 철 시루는 시멘트로 봉쇄된 채 일반인들이 볼 수 없다).

증산도는 그로부터 1100여 년 후 고부의 시루산 밑에서 탄생한 강증산이 진표 율사와의 인연으로 금산사 미륵금상에 30여 년간 성령(聖靈)으로 있다가 이 땅에 내려온 것으로 여긴다. 증산도의 경전인 도전(道典)에 실려 있는 탄생에 관한 내용이지만, 불교계에서 아직까지 미륵금상을 철수미좌에 받쳐 조성한 이유를 풀지 못하고 있는 것이 아이러니다. 김제 금산사 인근 모악산 기슭에는 지금도 증산 사상을 신앙으로 이어오고 있는 군소 종교단체가 40여 개나 남아 있다.

강증산은 31세 때인 1901년부터 1909년까지 9년간 '천지공사'라는 의식을 통해 남북통일을 포함한 후천세상을 여는 프로그램(증산도에선 도수로 부름)을 짰다고 한다. 태을은 증산도에서 가장 중시하는 주문인 태을주(太乙呪)에 등장하는 '태을천상원군(太乙天上元君)'의 이름을 딴 것으로 개벽기에 인류를 구원하는 진리의 표상으로 여겨진다. 총본산의 주 공간에 가장 중요한 태을이란 이름을 붙인 것은 당연해 보인다.

그런데 정작 강증산이 태어난 시루산 아래 신송마을에는 입구에 '강증산성지'라 새겨진 나무 푯말만이 덩그맣게 섰을 뿐 생가를 비롯해 성지라 부를 만한 흔적이 별로 없다. 인근 입암면 접지리 대흥마을은 도조 강증산의 맥을 이어받은 보천교 교단이 형성됐던 곳이다. 당시 이곳엔 본부 건물인 십일전을 비롯해 건물 30여 동이 들어섰으며 신도 수가 수백만 명에 달할 정도로 교세가 컸던 것으로 전해진다.

특히 일제강점기 독립자금 중 많은 부분이 이곳 보천교를 통해 모금되었으며, 그 때문에 조만식을 비롯해 많은 우국지사들이 보천교를 출입했던 것으로 알려져 있다. 당시 신문기사에 따르면 조만식과 한규숙 등은 보천교 신도들이 마련한 30만원을 독립자금으로 만주에 보내려다가 발각되어 일본 경찰에 체포되기도 했다. 선승 탄허 스님의 아버지인 김홍규도 보천교 핵심 간부였다. 보천교는 종교집단이었지만 독립운동의 본거지였던 셈이다. 일제는 집요한 와해공작을 벌여 1936년 마침내 보천교를 해체시켰으며, 당시 보천교의 본당이었던 십일전 건물은 해체되어 지금의 조계사 대웅전으로 옮겨졌다.

▲금산사 미륵전 불상 아래 놓여 있는 쇠 시루.

보천교 교단이 있던 대흥마을은 마을 전체가 보천교 신자들로 이루어진 보천교 마을이었지만 지금은 옛 건물 7채만 남아 있다. 보천교 와해 이후 지금의 안운산 종도사와 안경전 종정이 강증산과 2대 도주 고수부의 종통을 이어 새롭게 이끈 것이 증산도. 증산도는 해방 후 한때 신도가 70만 명에 달했으나 6·25전쟁으로 교세가 주춤했다가 안운산 종도사와 안경전 종정이 1970년대 다시 문을 열어 지금에 이른다. "내가 후천선경 건설의 푯대를 태전(대전)에 꽂았느니라." "태전이 새 서울이 된다"는 도조의 유언을 중시, 대전에 본부를 두었으며, 태을궁은 그 중에서도 핵심 공간인 셈이다.

■전국 250여 도장 · 신자 100만 명 둔 증산도는

강증산을 도조(道祖)로 모시며 상생(相生), 보은(報恩), 해원(解冤), 원시반본(原始返本), 후천개벽(後天開闢)을 핵심 종지(宗旨)로 삼는다. 전국에 250여 개의 도장(道場)이 있으며 신자 수는 100여만 명으로 추산. 도장은 수행, 교육, 포교 활동의 구심점으로 대전에 본부가 있다. 세계적으로 20개국 50여 개 도시에 도장을 갖췄으며, 최근 영어, 프랑스어, 독일어 등 7개 국어로 된 외국어 도전도 펴냈다.

신도들은 매주 수요일과 일요일에 도장에서 도조와 도조의 종통을 이은 태모 고수부, 천지신명에 정성을 드리는 정기 치성(致誠)을 봉행한다. 평상시에는 집에서 매일 아침 · 저녁 청수(淸水 · 정화수)를 올리고 태을주 수행을 한다. 기도는 하늘을 받들고 땅을 어루만지는 형상의 절법인 반천무지(攀天撫地)를 하는데, 인간이 천지의 은혜에 보은하는 것과 함께 인간이 우주의 주인임을 상징한다. 지금 시대는 우주에서 여름과 가을이 바뀌는 과도기이며, 앞으로 올 가을기에 통합과 상생의 새 문명이 열린다는 미래관을 갖고 있다. 다른 종교단체에 비해 대학생 등 젊은 남자들이 신도의 많은 비중을 차지하며 대학교수, 의사, 한의사 등 전문직 종사자도 적지 않다. 후천문명을 열 성직자 양성기관인 증산도대학교를 1984년부터 열고 있으며, 전문 성직자를 기르는 성녀전사단 교육과정도 운영한다. 역사와 민족의 뿌리찾기에 특별한 관심을 갖고 있으며 군부대, 교도소, 마을문고, 학교도서관 등에 '상생의 책 보내기 운동'을 전개하고 있다.

03 천도교 발상지
경주 용담정

▲경주 구미산 자락을 병풍삼아 엄숙히 앉은 용담정. 천도교 1세 교조 수운 최제우 대신사가 6개월간 한울님과 문답 끝에 득도했다는 천도교의 발상지이다.

경주 시내에서 북동쪽으로 10km쯤 떨어진 구미산 자락에 앉은 용담정(경주시 현곡면 가정리). 23㎡ 남짓 크기의 아담한 단층 목조건물이지만 천도교 1세 교조인 수운 최제우(1824~1864) 대신사(大神師)가 득도해 동학 천도교를 일으킨 천도교의 발상지이자 최고 성지이다. 지금은 교적 교인 10만 명에 불과한 군소 종단으로 쇠락했

▲용담정의 정문인 포덕문. 박정희 전 대통령이 직접 편액의 글을 썼다.

지만 1919년 3·1만세운동이 있었던 무렵엔 교인이 300만 명이나 됐을 만큼 번창했던 민족 종교 천도교. 그 대표 성지인 용담정엔 역사의 숨결과 민족혼을 느끼려 찾아드는 교인은 물론 일반인들의 발길이 끊이지 않는다.

'사람은 물론 이 세상 만물이 모두 한울님을 모시고 있다'는 시천주(侍天主). '사람을 한울님같이 섬기자'는 사인여천(事人如天). 그리고 '모든 사람이 곧 한울님'이라는 인내천(人乃天). 동학 천도교는 바로 이 세 가지의 기본 교리를 근본으로 삼는다. 최제우 대신사는 득도 후 원래 '무극대도(無極大道)'란 이름으로 동학을 세웠지만 훗날 유림과 관가의 탄압을 피해 살던 중 "내가 동에서 태어나 동에서 도를 받았으니 도인즉 천도(天道)요, 학인즉 동학(東學)이라"고 천명한 다음부터 동학이란 이름이 널리 통용됐다고 한다.

용담정은 바로 이 '무극대도'를 낳은 천도교의 발상지. 지금의 경북 경주시 현곡면 가정리의 몰락한 양반가에서 태어난 수운은 19살

때부터 10년간 전국을 떠도는 구도행각 끝에 처가가 있던 울산 유곡동에 은거, 수도에 들었다. 여우가 자주 나타난다고 해서 '여시바윗골'이라 불렸던 외진 유곡동에 초가와 초당을 마련해 구도하던 중 을묘년인 1855년 금강산 유점사에서 왔다는 한 스님으로부터 기이한 책(天書)을 받고는 그때까지와는 전혀 다른 구도와 수련방식을 택한다. 이른바 천도교가 '을묘천서'라 부르는 큰 사건으로, 수운은 이때부터 "세상을 떠돌며 도(道)를 구할 것이 아니라 기도를 통해 내 안에서 도를 얻을 것"이라며 구도의 방법을 바꾼 것이다.

국가 발간자료인 〈비변사담록〉과 〈고종실록〉에서 수운이 5~6년간 울산에 기거했다는 사실이 확인되지만 '을묘천서'와 관련한 내용은 전하지 않는다. 천서의 흔적 역시 어디에도 남아 있지 않다. 다만 천도교단 초기 내부 자료인 〈수운실록'(1865년)〉과 〈도원서기(1879년)〉에 내용이 전할 뿐이다.

▼천도교 1세 교조 수운 최제우의 묘.

"을묘년 봄잠을 즐기는데 꿈인지 생시인지 밖으로부터 주인을 찾는 사람이 있었다. (중략) 노승을 초당에 오르게 했더니 책을 한 권 내놓고 그 내용을 알 수 있느냐고 물었다. 사흘 뒤 선생이 '이 책의 내용을 알았다'고 말하니 그 스님이 '부디 책의 내용대로 하옵소서'라 말하며 떠났다."

이 천서를 놓고 천주학서인 '천주실의'였을 것이란 주장이 학계에서 제기됐지만 천도교는 10년간 세상을 주유했던 수운이 당시 그 유명한 '천주실의'를 보지 못했을 리가 없고, 을묘천서를 받은 뒤 인근 내원암과 적멸굴에서 수도한 점을 들어 천주교와는 무관하다며 부인하고 있다. 아무튼 수운은 이 천서를 받고 4년 후 고향인 용담정으로 돌아와 6개월간 수도 끝에 한울님으로부터 '오심즉여심(吾心卽汝心)'의 심법과 천도교 상징인 영부(靈符), 주문(呪文)을 받아 '무극대도' 즉, 동학을 세웠다.

▲포덕문 안쪽에 세워진 수운 대신사 동상.

용담정은 원래 복령이란 스님이 지은 작은 암자였는데 수운 대신사의 할아버지가 암자와 인근 2,000여㎡의 땅을 사들여 아들, 즉 수운의 아버지인 근암공 최옥에게 학업을 닦게 했다고 한다. 30여 년의

▲수운 최제우 대신사가 득도처인 용담정으로 옮기기 전 기이한 책(天書)을 받았다는 울산 여시바윗골 초당.

세월이 흘러 폐허가 되었다가 최옥이 글공부를 하도록 서사(書社) 네 칸을 만들어 용담서사란 이름을 지었다. 용담정 위쪽의 사각정에는 최옥의 문집인 근암집 목판원본이 보관되어 있다. 결국 수운은 울산을 떠나 처자와 함께 이곳에 정착, "도를 깨닫기 전에는 구미산 밖으로 나가 세상 사람들과 어울리지 않으리라"고 맹세한 지 꼭 6개월 만에 이곳에서 무극대도인 천도(天道)를 얻은 것이다.

수운은 1863년 관군에게 체포되어 이듬해 3월 조정에 맞서 세상을 어지럽게 만들었다는 '좌도난정률(左道亂正律)'의 죄목으로 대구 장대에서 순도했는데 그 후 용담정 네 칸과 살림집 다섯 칸이 모두 헐렸다. 조정의 서슬이 무서워 아무도 용담정을 복구할 엄두를 내지 못하다가 1914년에 가서야 재건작업을 벌여 용담정이란 현판을 붙였다고 한다. 그 후로도 40여 년간 인적이 끊겼다가 1960년 천도교 부

▲용담정 내부. 정면에 수운 영정을 모셨고, 그 왼쪽 벽에 후학들에게 수련함에 있어 조바심을 내지 말라는 뜻에서 써주었다는 친필 '龜'자가 걸려 있다.

인회가 창도 100주년 기념사업으로 중창했으며, 지금의 건물은 1975년 옛 건물을 헐고 다시 지은 것이다.

할아버지가 동학에 깊이 관여했던 때문인지 박정희 전 대통령은 이 용담정에 큰 관심을 보였다고 한다. "대한민국은 천도교에 큰 빚을 졌다"는 말을 자주 했던 박 전 대통령은 실제로 용담성지를 경주국립공원에 편입시키도록 지시했으며, 용담정(龍潭亭)과 용담성지의 정문인 포덕문(布德門), 중문인 성화문(聖化門), 용담수도원의 편액 글을 직접 썼다.

정문 포덕문을 들어서 왼쪽에 수운 최제우 대신사 동상을 바라보며 300m쯤 숲길을 관통하면 오른쪽에 수도원과 사무실이 나타난다. 바로 앞 중문 성화문을 넘어 다시 숲길을 오르면 돌다리 용담교가 모습을 드러내고 그 오른쪽에 선경(仙境)이라 새겨진 바위틈에 석간수가 흐른다.

수운이 기도할 때 쓰는 청수(淸水)를 받던 곳으로 지금도 교인들이 아주 신성시한다. 2005년 영남대 석좌교수에 임명돼 이곳을 찾은 김지하 시인은 "나처럼 깨끗하지 못한 사람이 어떻게 감히 용담정에 오를 수 있겠느냐"며 용담교에 무릎을 꿇은 채 절만 하고 돌아갔다고 한다.

용담정 정면에는 수운 영정이 모셔져 있고, 양옆에 천도교 상징인 영부가 걸렸다. 수운이 득도할 때 눈에 나타났다는 그 영부이다. 왼쪽 벽면에는, 남아 있는 수운의 유일한 친필인 거북 '구(龜)' 자가 걸려 있다.

수운은 생전에 후학들의 마음 급함을 질타하며 조급해하지 말라는 뜻에서 '龜' 자를 많이 써주었다고 한다. 이 '龜' 자 밑 8폭 병풍의 글귀가 눈길을 끈다.

'不知明之所在 遠不求而修我' (밝음이 있는 바를 알지 못하겠거든 멀리서 구하지 말고 나를 닦아라).

한울님과 문답 끝에 득도의 경지에서 남긴 천도교 1세 교조의 일침이라지만 '남 아닌 나부터 제대로 보라'는 수신(修身)의 보편적인 교훈이 아닐까.

■ 천도교의 발자취

몰락한 양반가에 태어난 수운이 구도행각에 나선 것은 기울어가는 가세와 조선 말 불안정한 사회에서 크게 영향을 받았던 것으로 보인다. 당연히 유교의 폐습에 불만을 가졌고, 10년간의 주유천하에 나서 인간과 우주, 인간과 자연, 인간과 인간이 하나가 되는 '시천주(侍天主)'를 세웠던 것이다. 이 시천주는 2세 교조 해월 최시형에 이르러 '사람이 곧 한울님'이라는 인시천(人是天)으로 발전하며, 3세 교조 의암 손병희에 이르러서는 '사람이 이에 한울'이라는 인내천(人乃天)으로 이어져 천도교의 종지가 되었다.

'사람이 곧 한울이니 사람 섬기기를 한울님 같이 하라'는 사인여천(事人如天)은 센세이션을 몰고 왔고, 이를 못마땅히 여긴 조정에서 결국 '서학(西學)' '이단(異端)'이라 하여 탄압의 칼을 뽑았다. 1세 교조 수운은 포교를 시작한 지 3년 만에 대구 장대에서 참형으로 순도했고, 도통을 이어받은 2세 교조 최시형도 지하포교에 나서 삼남지방에 형성된 교세에 힘입어 동학혁명을 주도하다 원주에서 체포되어 서울에서 처형되었다. 최시형의 수제자였던 3세 교조 손병희가 동학을 천도교로 개칭했는데 민족대표 33인의 대표로 3·1운동을 주도하고 경찰에 체포되어 서대문 형무소에서 복역하다가 출감한 뒤 곧바로 사망했다. 결국 천도교의 1·2·3세 교조는 모두 순도한 셈이다.

천도교의 종교 행위는 수행과 신앙을 겸하는데 그 방법으로 주문(呪文), 청수(淸水), 시일(侍日), 성미(誠米), 기도(祈禱) 등 오관(五款)을 택하고 있다. 주문은 '한울님을 지극히 위하는 글'로 수련할 때 반복해서 외우며, 청수는 매일 오후 9시의 기도식을 비롯해 모든 의식에 쓰인다. 시일은 일요일 오전 11시에 봉행하는 집회를 말하며, 성미는 매일 밥을 지을 때 식구마다 한 숟가락씩 정성으로 떠놓은 쌀을 모았다가 한 달에 한 번씩 교회에 헌납한다.

서울 종로구 경운동의 중앙총부를 중심으로 전국에 130여 개의 교구와 전교실이 있으며, 현재 김동환 교령이 교단을 이끌고 있다.

04 한국 정교회의 요람
성 니콜라스 서울대성당

▲아현동의 한국 정교회 서울대성당 전경. 한국 정교회의 대표 건물인 주교좌성당으로 한국에선 최초로 지어진 비잔틴 양식의 교회건물답게 둥근 돔이 건물 전체를 지배한다.

한국 정교회. 신교인지 구교인지, 아니 한국에선 그 존재마저도 일반인들에겐 잘 알려지지 않은 종교. 하지만 엄연히 전국에 2,000명의 세례교인이 적을 둔 채 활동하고 있는 교회다. 서울을 비롯해 인천, 부산, 전주, 춘천, 양구, 용미리 등 7개의 정교회 성당에서 매일 하루 두 번씩 예배가 열리며, 주말엔 어김없이 성찬예배가 진행된다. 이 가운데 서울 마포경찰서 맞은 편 언덕의 성 니콜라스 대성당(마포구 아현1동 424-1)은 한국 정교회의 총본산 격으로, 한국에선 처음 세워진 비잔틴 양식의 독특한 공간이다.

"하나인 거룩하고 공번되고, 사도로부터 이어오는 교회."

정교회 교인들은 신앙의 신조 '니케아 신경'을 외울 때 이렇게 말한다. '그리스도께서 세우셨고, 오순절에 거룩한 사도들에 의해 세상에 널리 전파되었고, 위대한 교부들에 의해 조직되고 지역 공의회와 세계 공의회의 보호를 받은 교회.'

예루살렘에서 시작해 안티오키아, 알렉산드리아, 콘스탄티노플, 로마 등 5대 교구가 형성되어 내려오던 그리스도교는 1054년 동서방 교회의 분열로 인해 예루살렘, 안티오키아, 알렉산드리아, 콘스탄티노플의 4개 지역을 관할하는 정교회와 로마를 배경으로 한 로마 가톨릭으로 갈라졌다. 이 가운데 정교회는 서방교회라 부르는 로마 가톨릭과 구분해 동방교회로 통한다.

한국 정교회는 아직 독립교회나 자치교회로 인정받지 못한 채 콘스탄티노플 총대주교구를 모교회(母敎會)로 선교활동을 펼치는 작은 교회. 그리스에서 파송된 소티리오스 트람바스 대주교를 중심으로 그리스 출신의 주교와 한국인 신부 6명, 한국인 보제신부 1명, 러시아 출신 신부 1명 등 9명의 사제가 사역하고 있다.

▲성당 내부. 성화(聖畵)를 중시하는 정교회의 특성에 맞게 모든 벽을 포함한 공간 전체에 성화가 가득하다.

종교로서의 정교회는 1900년에야 이 땅에 처음 들어왔지만 정교회와 우리와의 만남은 800년 전 고려시대부터 있어왔다. 몽골군이 유럽을 유린하던 중세시대 몽골에 파견되었던 로마 교황청의 사절이 남긴 기록을 들여다보면 몽골의 왕실은 그리스도교에 호의적이어서 러시아에서 온 대공(大公)을 후하게 대접했다. 당시 볼모로 잡혀가 있던 고려 왕실 등의 귀족 자제들이 이들과 친하게 지냈다고 한다. 조선 영조시대 청나라 베이징에 사신으로 갔던 이윤신은 '문견사건(聞見事件)'에서 '큰 코 오랑캐'라는 의미의 대비달자(大鼻獺子)를 만났다는 기록을 남겼는데, 이 대비달자는 바로 '코 큰 러시아 정교회 선교사'였을 것으로 추정된다.

1900년 조선 선교 책임자로 입국한 러시아 흐리산토스 쉐헤트콥스키 대신부가 그 해 2월 17일 러시아 공사 관저의 큰 방에서 성찬예배를 드린 것이 한국 정교회의 시초. 한국 정교회는 그 날을 생일로 삼고 있다. 고종으로부터 부지를 하사받아 지금 경향신문 자리인 서울 정동 22번지에 첫 성당을 세웠는데, 러시아에서 제작해 들여온 7개의 크고 작은 이색 종이 만들어내는 신비로운 소리가 당시 장안의 화제였다고 한다.

이후 정교회는 러일전쟁에서 패한 러시아의 선교사가 모두 추방되면서 사실상 단절됐지만 해방 이듬해인 1946년 교구로 조직되어 교세를 늘여가다가 한국전쟁을 맞아 다시 철퇴를 맞았다. 1947년 한국인 사제 알렉세이 김의한이 서품되었지만 전쟁 발발

▲신비스런 분위기를 물씬 풍기는 천정 돔. 정상의 예수상부터 성모 마리아, 천사, 예언자, 구약의 의인들이 차례로 내리 그려져 있다.

두 달 뒤 납북되어 처형되었고, 신자들이 사방으로 흩어졌던 것이다. 정동성당도 전쟁의 와중에 대부분 파괴되었는데 당시 한국에 파병된 그리스 병사들이 매월 1달러씩 모아 성당 복구비용에 보태기도 했다. 한국 전쟁에 참전한 그리스 육군의 종군 사제인 안드레아스 할쿄풀로스 대신부의 도움으로 일본에서 사제서품을 받은 보리스 문이춘이 교회재건에 나서 1968년 아현동 언덕에 지금의 성당을 세워놓았다.

로마 가톨릭 교회들이 긴 사각형의 공간을 도드라지게 만들어 신과의 만남을 강조하는 바실리카 양식을 택한다면 정교회 교회들은 한결같이 중앙의 둥근 돔을 통해 쏟아져 내리는 하늘의 빛을 수렴하

▲성당 앞 쪽의 종탑. 초기 선교사들이 러시아에서 들여온 옛 종 두 개와 그리스 정부가 기증한 새 종이 어울려 이색적인 분위기를 연출한다.

는 비잔틴 양식을 쓴다. 성 니콜라스 대성당도 다르지 않다. 멀찌감치서 볼 때도 지붕의 둥근 돔이 가장 먼저 눈에 든다. 성당 입구 왼쪽에 선 아치형 종탑도 보통 교회나 성당의 것과는 완연히 다르다. 모두 5개의 크고 작은 종들에 내리 걸린 줄을 잡아당겨 치도록 했는데 요즘도 매일 예배 때 어김없이 종이 울린다. 정교회가 처음 들어오면서 선교사들이 러시아에서 7개의 종을 들여왔는데 전쟁 중 2개만 남긴 채 모두 파손되었고, 지금은 그 2개와 나중에 그리스 정부가 기증해온 3개의 종을 모아 5개의 종을 걸었다. 1978년 종탑을 세울 때도 파병 그리스 병사들이 모금한 돈이 사용되었다고 한다.

정문 위에 걸린 수호성인 성 니콜라스의 금색 모자이크 상을 보며 성당 문을 들어서면 비잔틴 양식 그대로 천장의 거대한 돔이 시선을 사로잡는다. 중앙 돔을 기준으로 신자석과 전례공간인 지성소가 나뉘지만 중앙 돔 양쪽에 사각형 공간을 각각 두어 결국 내부 공간은 십자가 모양을 갖추고 있다. 성당 문 바로 앞에는 양쪽에 촛불을 밝히는 성초대가 있는데 신자들이 이곳에서 "그리스도의 가르침으로 나를 희생하고 이타적인 생활을 할 수 있기를" 기원한다는 정화의 공간이다. 전례공간으로 가다 보면 신자석 앞 왼편에 세례조가 눈에 띈다. 전통적으로 침수 세례를 고수하는 정교회에서 빼놓을 수 없는 곳. 지하 1.5m 깊이의 공간에 물을 채워 신자들이 세 번 물 속에 잠기는 과정을 통해 세례를 받는다.

정교회는 로마 가톨릭과는 비교할 수 없을 만큼 성화(聖畵)를 중시한다고 한다. 4세기부터 사용하기 시작한 성화는 대부분 복음서의 내용을 담고 있는데, 그리스도교의 심오한 진리를 신자들에게 쉽게 이해시키기 위한 보조교재랄 수 있다. 그래서인지 성당 안은 온통 성화로 도배되다시피 장식됐다. 모두 그리스 아테네대학의 소존 교수가 제자들과 함께 제작해 들여온 것이라고 한다. 중앙 돔 역시 거대한 성화로 구성되어 있는데 세상 만물을 주관하는 꼭대기의 예수를 정점으로 성모 마리아와 천사·세례 요한, 구약의 예언자 아브라함·다윗·모세, 하나님의 뜻대로 살았다는 이른바 구약의 의인들이 차례로 그려져 있다. 결국 이 돔은 천상의 예수님부터 지상의 인간까지 연결하는 공동체를 의미한다.

신자석과 전례공간인 지성소를 구분하는 이코노스타시스(성상 칸

▲신자석 앞쪽의 세례조. 침수 세례를 고수하는 정교회의 특성을 잘 보여준다.

▲전례가 행해지는 성당의 지성소. 성상 칸막이가 높게 쳐져 있으며 제대 벽도 성화로 채워졌다.

막이)도 천주교 성당과는 달리 높게 쳐져 있어 독특하다. 꼭대기에는 정교회의 상징처럼 여겨지는 꽃봉오리 십자가가 올려져 있다. 인간의 죄를 대신해 짊어진 예수의 고귀함을 아름답게 표현한 십자가이다. 성상 칸막이 중간의 '아름다운 문' 양쪽에는 역시 예수와 세례 요한, 성모마리아 상이 새겨졌다. 성상 칸막이 안쪽의 전례공간 구성은 천주교 성당과 비슷하지만 제대 벽은 성모상과 아기예수, 최후의 만찬을 형상화한 성화로 마감하고 있다. 성당 왼쪽 선교사관과 사무실·교육실로 쓰이는 건물의 지하엔 성 막심 성당이 있다.

중앙 성당이 일요일 성찬예배가 열리는 곳이라면 이곳은 평일 두 차례씩 예배가 열리는 소성당. 초기 선교사들이 입던 제의와 18세기 제작된 성화, 복음경, 한글 기도문과 성가들이 전시되어 있으며, 러시아 신자들을 위한 예배와 영어 예배도 이곳에서 열린다.

■ "교세 확장보다 진실된 믿음 전파에 힘써"

소티리오스 트람바스 대주교는 1975년 문이춘 신부의 후임으로 그리스 정교회에서 부임해 32년간 한국 정교회를 이끌고 있는 한국 정교회의 가장 웃어른. 교인 2,000명에 불과하지만 한국 정교회를 대표하며, 세례와 온갖 성사를 주례하는 '영적 아버지'로 통한다. "처음 부임했을 때만 해도 달랑 성당 하나밖에 없었어요. 종탑도 없이 성당 한 쪽에서 종 몇 개를 매달아 예배를 알리곤 했는데, 돌이켜 보면 놀랄 만한 성장을 이뤘다고 할 수 있지요."

한국 정교회는 천주교 못지않게 이 땅에서 많은 시련을 겪었지만 세계 어느 지역 정교회에도 뒤지지 않는 신자들의 열성과 신심에 큰 자부심을 갖고 있다는 소티리오스 대주교. 그는 "한국의 정교회 교인들은 '올바른 믿음'과 '올바른 가르침'의 의미를 가진 정교회 교리에 존경스러울 만큼 충실한 채 성숙된 신앙생활을 하고 있다"고 거듭 자랑한다.

"서구 기독교가 자본주의와 민주주의로 인해 교세를 확장시켜 나갔지만 정교회는 초기 교회의 진리를 훼손하지 않은 채 진실된 믿음(복음) 전파에 치중해온 역사를 갖습니다. 지금도 세계의 정교회는 이 같은 초기 교회의 정신을 올곧게 지키려 애를 쓰고 있습니다."

수많은 종교들이 분쟁 없이 평화롭게 공존하는 한국은 지구상 유례없는 다종교 국가라는 소티리오스 대주교는 "그러나 같은 종파이면서도 분열을 재생산하는 한국의 개신교는 적지 않은 문제를 안고 있다"며 "성장과 신자 확보에 치중하지 않는 정교회를 주목해 달라"고 주문했다.

05 한국 이슬람의 핵
이슬람 중앙사원

▲한국 이슬람교의 핵(核)인 한남동 중앙사원. 이슬람교의 상징인 지붕의 둥근 돔과 정면 양 옆에 우뚝 세운 첨탑 등 전형적인 모스크의 형태를 갖추고 있다. 출입구 위에 아랍어로 새겨진 '알라후 아크바르'(알라 하나님은 가장 위대하시다)가 일신교인 이슬람 교리를 웅변한다.

▲예배공간의 중심인 미흐랍과 오른쪽의 붉은색 민바르. 신도들이 사우디아라비아의 메카를 향해 예배하도록 방향을 표시한 아치형 미흐랍과 예배 인도자인 이맘의 설교대(민바르)가 독특하다.

서울 한남대교에서 남산 터널 쪽으로 차를 달리다 보면 왼쪽 이태원 언덕의 도드라진 이색 건물이 눈에 들어온다. 1976년 세워진 뒤 31년간 그 자리를 지키며 한국 이슬람 총본산 역할을 해온 이슬람교 중앙사원(모스크 · 용산구 한남동 732-21)이다. 전국 10개의 이슬람 사원과 선교원, 40여 개의 이슬람교 예배소를 총괄하는 한국 이슬람의 핵. 많은 이들에겐 그저 호기심의 대상으로 머물러 있지만 3만5,000여 명의 한국 무슬림(이슬람 신도)과 10만여 외국인 무슬림들에겐 절실한 신앙공간이다.

이태원 소방서 삼거리에서 오른쪽으로 방향을 틀어 보광초등학교 삼거리 왼쪽 길을 택해 오르면 허름한 주택들이 줄지어 선 골목 양쪽에 아랍어 간판을 단 집들이 하나둘 눈에 들어온다. 이슬람 경전인

▲사원 입구의 정문에 새겨진 문구. 그 안쪽 벽에 똑같은 내용의 아랍어 문구를 새겨놓았다.

코란을 비롯해 아랍 과자·음료수를 파는 가게며 서점, 터키 전통음식을 파는 음식점들이다. 이국적인 분위기의 골목 끝에 서면 푸른색의 아치형 문이 길을 막는다.

'하나님 외에 다른 신은 없습니다. 무함마드는 그 분의 사도입니다.'

이슬람 교리를 가장 극명하게 압축한 문구를 보며 회랑처럼 생긴 오르막길을 올라 너른 마당에 서면 큼지막한 아랍어로 '알라후 아크바르'(알라 하나님은 가장 위대하시다)라 쓴 중앙사원이 눈에 든다. 매일 오전 6시부터 밤 11시까지 5차례의 이슬람 예배가 어김없이 열리는 곳. 한국은 물론 서남아시아와 북부 아프리카 등 전 세계에서 한국에 온 무슬림들의 신앙이 이어지는 이색지대이다.

멀찌감치선 우람하게 비쳐지는 것과는 달리 막상 사원 앞에 서면 아주 단출한 인상을 받는다. 모스크를 상징하는 지붕 중앙의 돔(쿱바)과 앞쪽 두 개의 높은 첨탑(미나렛), 그리고 돔과 첨탑을 호위하듯 선 자그마한 첨탑들이 건물 외관을 장식하는 모든 것이다. 전통적으로 사람들을 잘 불러 모을 수 있도록 높은 곳에 모스크를 세운 것처럼 한국의 무슬림들도 중앙사원을 이태원 꼭대기 높은 언덕에 세워놓았다.

사원이 세워진 것은 1976년. 6·25전쟁 중 유엔군의 일원으로 참전한 터키 제6여단 사령부의 군(軍) 이맘(이슬람교 예배 인도자) 압둘 가푸르 카라 이스마일 오울루의 전도로 1955년 압둘라 김유도와 우마르 김진규 등 한국 최초의 무슬림이 탄생한 지 21년 만의 일이었다. 중동 붐을 타고 이슬람 국가와의 친교가 긴요했던 무렵이었다. 박정희 대통령은 서초동 쓰레기 매립장 10만 평과 지금의 사원 자리 등 두 군데 중 한 곳을 사원 터로 무상 제공할 뜻을 비쳤다고 한다. 한국 이슬람교가 지금의 부지를 택한 것은 당시 주변에 아랍 상인들과 이슬람 신도들이 모여 살았던 때문이기도 하지만 이태원에 살던 영향력 있는 한국인 신도가 고집을 부렸기 때문인 것으로 전한다.

당시만 하더라도 한국에선 신도층이 두텁지 못해 사원 건립비용을 마련하기 위해 구걸하다시피 전 세계 이슬람 나라들에 손을 벌려야 했다. 1970년 부지가 확보된 뒤 한국의 무슬림들이 모금 사절단을 구성, 이슬람 각국을 돌아 미화 40만 달러를 모았다. 1974년 10월 첫 삽을 뜬 지 1년 7개월 만인 1976년 5월 마침내 한국 역사상 최초의 이슬람 건축물을 세워놓은 것이다. 당시 개원행사엔 17개 이슬람 국가의 장관과 국회의원을 포함한 50여 명의 종교지도자들이 참석, 성황을 이루었다고 한다.

지붕 위의 첨탑인 미나렛은 이슬람의 가장 대표적인 순례지인 사우디아라비아 하람성원의 것을 그대로 본떴다. 미나렛은 무앗진이라 불리는 사람이 올라가 아잔(예배 시간을 알리는 소리)을 외치는 첨탑. 이슬람 전통을 따르자면 매 예배 때마다 무앗진이 이곳에 올라 예배

시간을 알려야 하지만 마이크와 스피커로 대신하고 있다. 사무실과 회의실이 들어선 1층에서 계단으로 오르게 되는 2층 예배공간에선 교회나 성당에 흔한 성상이나 초상, 상징들을 전혀 찾아볼 수 없다. 대신 코란 구절만이 빙 둘러 새겨져 있을 뿐이다.

6개의 둔중한 기둥이 떠받치는 중앙 돔과, 양측 벽 위쪽의 아치형 창에서 쏟아지는 자연채광이 바닥의 붉은색 양탄자와 어울려 독특한 분위기를 연출한다. 예배공간의 중심은 아랍어로 '너희들이 어디에 있건 하람성원을 향할지니'라 쓰여진 미흐랍. 전 세계의 이슬람 신도들이 예배 때 마음과 몸을 둔다는 사우디아라비아의 메카를 향해 만든 예배 방향 표시이다. 그 오른쪽, 예배 인도자인 이맘이 올라서서 설교하는 계단인 민바르도 독특하다. 2층이 남자 신도들의 예배공간이라면 3층은 여 신도들의 공간. 남녀를 엄격히 구분하는 이슬람 세계의 문화

▲사원 내부 천장의 둥근 돔을 통해 흘러내리는 자연 채광과 붉은 색 양탄자의 조화가 아름답다.

▲정면에서 본 뒤쪽 예배 공간. 아래쪽이 남자 신도석, 위쪽이 여 신도석이다.

가 이곳에도 살아 있다. 3층 여 신도 공간 앞쪽엔 가리개를 쳐 남자 신도나 예배 인도자조차 여 신도들을 볼 수 없도록 했다. 여 신도들은 이맘의 목소리만 듣고 예배드릴 뿐이다.

평일 5차례씩 열리는 예배 참석자는 매회 40명 정도. 대부분 한남동과 이태원 일대에서 가게를 운영하는 외국인 무슬림들이다. 평일과는 달리 금요일 오후 1시 특별 예배엔 전국에서 500여 명이 몰리며, 한국인 신도도 40~50명 정도가 참석한다고 한다. 예배는 한국인 이맘 2명과 태국과 인도네시아에서 들어온 선교사 2명이 번갈아 인도한다. 라마단이 끝나는 다음날인 이슬람력 10월 1일과 이슬람 성천(聖遷)일인 이슬람력 12월 10일의 축제일엔 3,000명이 모여 신앙을 넘어선 거대한 만남의 장을 일군다.

"서구인들이 이슬람교를 왜곡하기 위해 지어낸 '한 손에 칼, 한 손에 코란' 이란 말 그대로 많은 한국인들은 이슬람교와 교도들을 호전적으로 잘못 인식하고 있다"는 이슬람 중앙사원의 이행래 이맘. 그는 "순종과 평화를 추구하는 이슬람 신자들에 대한 올바른 이해가 필요하며, 이슬람 사원은 무슬림들의 본 모습을 가감없이 볼 수 있는 평화의 공간"이라고 말한다.

■ 한반도와 이슬람교

서기 610년경 아라비아 반도의 메카에서 하나님의 계시를 받은 사도 무함마드에 의해 전파되기 시작했다는 이슬람교. 유일신 '알라 하나님'만을 믿고 하나님의 말씀 '코란'을 따르며, 코란의 가르침에 따라 천국에 임할 수 있음을 기초교리로 삼는 일신교다. 신성에 관한 한 어떠한 복수(複數)적 개념도 받아들이지 않은 채 '가장 훌륭한 일신교도'라는 자부심을 갖고 사는 이슬람 신도, 즉 무슬림은 전 세계 13억 명. 이 땅에선 1955년 첫 한국인 무슬림이 탄생하면서 신앙이 태동했지만 한반도와 이슬람의 관계는 오래 전부터 있어 왔다.

학계에서는 통일신라기 무슬림 상인들의 교역상품이나 이슬람 세계의 것으로 여겨지는 물품들이 흔히 사용된 기록으로 미루어 9세기 중엽부터 이미 접촉이 있었을 것으로 추정한다. 처용 일행을 '동해안에 나타난 모양과 의상이 괴이한 4명의 자연인'으로 묘사한 〈삼국사기〉 기록은 '처용가'의 주인공이 아랍인이라는 설을 낳기도 했다.

11세기 초 고려기엔 '대식(大食)'으로 알려진 아랍 상인들이 고려 조정과 교역을 자주 시도했다. 〈고려사〉에 '1024년, 1025년, 1040년에 아랍 상인이

100여 명씩 무리를 지어 수은이나 몰약을 갖고 개경을 방문했다'는 기록이 남아 있다.

이슬람의 종교와 문화가 본격적으로 유입된 것은 여말선초(麗末鮮初)기인 13~14세기 무렵. 당시 원(元)의 간섭을 받았던 고려 조정에는 중앙아시아계의 무슬림들이 대거 진출해 있었다. 이들은 고려사에 '회회인(回回人)'으로 기술된 투르크계의 위구르 무슬림들로 수도 개성에 이슬람 성원까지 세웠다고 한다.

조선조 세종 때엔 궁중 행사에 무슬림 대표들이 코란을 낭송하며 임금의 만수무강을 기원하기도 했으며, 그때 이슬람 역법이나 도자기 기술이 도입되었던 것으로 보인다. 그러나 조선조 유교사상으로 인해 이 땅의 이슬람은 15세기 중엽 이후 썰물처럼 빠졌다. 이후 1920년대 들어 소련 치하 소수민족인 투르크계 무슬림들이 한반도에 망명해와 학교며 이슬람 성원을 건립하기도 했으나 해방과 한국전쟁의 와중에 대부분 해외로 이주한 것으로 한국 이슬람교 중앙회 측은 보고 있다.

종교건축기행 34

초판 1쇄 인쇄 2007년 10월 15일
초판 1쇄 발행 2007년 10월 20일

지은이 김성호
펴낸이 박영발
펴낸곳 W미디어

등록 제2005-000030호
주소 서울 양천구 목동 907 현대월드타워 1905호
전화 02-6678-0708 **팩스** 02-6678-0309

값 15,000원
ISBN 978-89-91761-14-8 03200

* 사진자료를 제공해주신 서울신문 사진부에 감사드립니다.